7C
6.95

F

A … m-
p … ice
e … et
c … nt
ri

MW01715329

Il est entendu que le pourboire demeure, avant tout, affaire d'appréciation personnelle et que la somme à laisser peut varier considérablement, en fonction de la catégorie de l'hôtel, de l'importance de la ville ou de la région et de divers autres critères. En l'absence de règles bien précises, les chiffres ci-dessous font référence à des pourboires couramment appliqués dans des grandes villes pour des établissements de classe moyenne.

HÔTEL	
Service, note	—
Porteur, par bagage	50¢–$1 (minimum $1)
Chasseur, par course	$1
Femme de chambre, par jour	$1.50–2
Portier, pour héler un taxi	50¢
RESTAURANT	
Service, addition	—
Garçon	15%
Vestiaire	$1
Préposé(e) aux lavabos	50¢
Chauffeur de taxi	15% (minimum 25¢)
Coiffeur dames/messieurs	15%
Guide touristique	10–15%
Ouvreuse (cinéma, théâtre)	—
Pompiste	—

MANUELS DE CONVERSATION BERLITZ

Des manuels de conversation qui ne contiennent pas seulement les mots et expressions indispensables pour vous faire comprendre, mais aussi une transcription phonétique, des renseignements utiles à votre séjour et des recommandations en matière de pourboires.

Allemand
Anglais
Anglais (américain)
Espagnol
Grec
Italien
Portugais
Russe
Yougoslave (serbo-croate)

CASSETTES DE CONVERSATION

La plupart des titres sus-mentionnés peuvent être obtenus avec une cassette, qui vous permettra de parfaire votre accent. Le tout accompagné d'un livret de 32 pages reproduisant le texte en deux langues enregistré sur cette bande.

BERLITZ®

L'AMÉRICAIN
POUR LE VOYAGE

Une publication des Guides Berlitz

Copyright © 1974 Guides Berlitz, Macmillan S.A., Avenue d'Ouchy 61, 1000 Lausanne 6, Suisse

Tous droits, en particulier de reproduction, de diffusion et de traduction, réservés. Sans autorisation écrite de l'éditeur, il est interdit de reproduire cet ouvrage, même partiellement, d'en faire des copies ou de le retransmettre par quelque moyen que ce soit, électronique ou mécanique (photocopie, microfilm, enregistrement sonore ou visuel, banque de données ou tout autre système de reproduction ou de transmission).

Marque Berlitz déposée auprès d'U.S. Patent Office
et dans d'autres pays. – Marca Registrada.

14e impression 1989

Printed in Switzerland

Introduction

Vous allez partir pour les Etats-Unis. Ce petit manuel de conversation est destiné à rendre votre voyage plus agréable et à vous faciliter la tâche.

L'*Américain pour le Voyage* met à votre disposition:

- toutes les phrases et le vocabulaire dont vous aurez besoin;
- une gamme étendue d'informations touristiques et pratiques, de conseils et de renseignements utiles;
- la transcription phonétique des mots et des phrases;
- des tableaux spéciaux des réponses possibles. Il vous suffira de montrer à votre interlocuteur la phrase adéquate, pour qu'il vous en indique la réponse de la même manière. Ce système s'est avéré très pratique dans certaines situations (médecin, réparations de voiture, etc.). La communication s'en trouve facilitée: elle est sûre et rapide;
- une présentation logique qui vous permettra de trouver rapidement l'expression correspondant à une situation donnée;
- un système de repérage instantané par couleurs. Les principaux chapitres figurent au verso du livre; vous trouverez un index complet à l'intérieur.

Voilà quelques-uns des avantages de ce guide qui, en outre, vous permettra de vous familiariser avec la vie aux Etats-Unis.

Un chapitre très complet est consacré au restaurant. Vous y trouverez la traduction et parfois la description de presque tous les plats d'une carte. Le guide des achats vous permettra de désigner facilement tout ce que vous désirez. Eprouvezvous des difficultés avec votre auto? Consultez le guide de la voiture et ses instructions détaillées en deux langues. Vous sentez-vous mal? Notre section médicale est unique en son genre; grâce à elle, vous pourrez vous faire comprendre du médecin en un clin d'œil.

Pour tirer le meilleur profit de l'*Américain pour le Voyage,* commencez par le «Guide de prononciation» et continuez par la rubrique «Quelques expressions courantes». Vous acquerrez ainsi non seulement un certain vocabulaire, mais vous apprendrez également à prononcer l'anglais.

Nous tenons à remercier tout particulièrement de leur aide Mlle Anne Cronimund et Mme Adriana Solano, ainsi que MM. Naum R. Dimitrijević, qui a collaboré à l'élaboration de ce livre, et T. J. A. Bennett, qui a créé le système de transcription. Nous exprimons également notre gratitude à l'Office du Tourisme des Etats-Unis et au Département américain des Transports pour leurs précieux conseils.

Par ailleurs, nous serions heureux de recevoir tout commentaire, critique ou suggestion que vous pourriez nous faire en vue d'améliorer les éditions suivantes.

Merci d'avance et bon voyage.

Tout au long de ce livre, les symboles dessinés ici indiquent de petits passages dans lesquels vous trouverez des phrases toutes faites que votre interlocuteur pourrait utiliser. Si vous ne le comprenez pas, donnez-lui le livre et laissez-le pointer la phrase désirée dans sa propre langue. La traduction française est juste à côté.

Guide de prononciation

Cet exposé est destiné à vous familiariser avec notre système de transcription et à vous faciliter la prononciation de l'anglais.

Vous trouverez ci-après des explications sur les sons anglais, ainsi que les symboles que nous avons adoptés pour les représenter. Vous lirez ces signes comme si c'était du français, à quelques exceptions près, qui figurent dans le tableau. Bien sûr, aucun son d'une langue ne coïncide exactement avec celui d'une autre mais, en suivant attentivement nos indications, vous n'éprouverez aucune difficulté à lire nos transcriptions et à vous faire comprendre. Il vous suffira ensuite d'écouter vos interlocuteurs pour améliorer votre accent; la pratique fera le reste.

Les caractères gras indiquent les syllabes accentuées, donc émises avec plus de force.

Consonnes

Lettre	Prononciation approximative	Symbole	Exemple	
b, c, d, f, k, p, t, v, x, y, z	ces lettres se prononcent comme en français			
ch	comme **tch** dans **tch**èque	tch	**check**	tchèk
g	1) devant **e, i, y,** comme le **dj** du mot **dj**inn	dj	**gin**	djin
	2) ailleurs comme le **g** de **g**are	gh	**good**	ghoud

h	se prononce presque toujours; ouvrez la bouche et expirez doucement, maîs de façon audible	h	**have**	hæv
j	comme le **dj** du mot **dj**inn	dj	**juice**	djoûs
l	comme dans **l**eçon	l	**like**	laïk
m	toujours comme dans **m**ère	m	**some**	seum
n	toujours comme dans **n**ous	n	**now**	naou
ng	dites p**ain** comme le prononcent les Provençaux; le dernier son prononcé sera analogue au son anglais	ng	**ring**	ring
nk	le **n** nasalise le **k** de la même manière que pour le précédant	nk	**think**	θink
r	comme le **j** français, mais en ouvrant davantage la bouche, de sorte que l'air expiré produise moins de bruit, et la pointe de la langue souvent un peu retroussée	r	**red**	rèd
s	1) entre voyelles, et en finale, comme le **s** de rose	z	**these**	ðiiz
	2) ailleurs comme le **s** de **s**ec	s	**say**	séi
	3) dans les groupes **-si-** et **-su-**, parfois comme le **j** de **j**e	j	**vision** **usual**	vi**j**eun **yoû**jeul
sh	comme le **ch** de **ch**aud	ch	**show**	chôô
th	1) parfois (généralement devant une voyelle) comme le **s** de rose, mais en zézayant	ð	**this**	ðis
	2) parfois (généralement en finale) comme le **s** de **s**ec, mais zézayé	θ	**berth**	beûrθ
w	comme le **w** de **w**att	w	**wash**	woch

Voyelles

La voyelle d'une syllabe inaccentuée s'affaiblit en anglais et devient souvent plus ou moins neutre; ce son ressemble au français **eu** dans s**eu**l. Comme il n'y a pas de règles pour déterminer la syllabe accentuée, il est difficile de connaître la prononciation exacte d'un mot nouveau.

a	1) parfois (notamment devant une consonne autre que **r**) un son intermédiare entre **e** et **a**	æ	**can**	kæn
	2) parfois (notamment devant **r**) comme le **â** de p**â**te, mais plus long	ââ	**car**	kââr
	3) parfois (devant une consonne suivie d'une voyelle) comme le **é** de pr**é** suivi du **i** de si	éi	**safe**	séif
e	1) devant une consonne finale, ou devant 2 consonnes, comme le **è** de m**è**ne	è	**better**	**bè**teur
	2) devant une consonne suivie de **e**, souvent comme le **ie** de v**ie**	ii	**these**	ðiiz
i	1) devant une consonne finale, ou 2 consonnes, comme le **i** de v**i**f, mais avec la langue un peu en retrait	i	**Miss**	mis
	2) devant une consonne suivie d'une voyelle, comme l'exclamation **aïe**	aï	**fine**	faïn
o	1) devant une consonne, comme le **a** de r**a**de ou comme le **o** de r**o**be mais avec la langue très bas dans la bouche; peut être prolongé	a o	**hot** **dog**	hat dog
	2) devant une consonne suivie d'une voyelle, à peu près comme le **o** de r**o**se mais plus long	ôô	**note**	nôôt
	3) le groupe **or** commence avec le son **oo** du mot alc**oo**l, mais avec les lèvres plus arrondies; à la fin, on perçoit un **r** américain	oo	**port**	poort
u	1) suivi d'une ou de deux consonnes comme le **eu** de p**eu**r, mais avec la bouche plus ouverte	eu	**much**	meutch

PRONONCIATION

	2) parfois, devant une consonne, comme le **ou** de **tou**te, mais avec la bouche plus ouverte	ou	**put**	pout
	3) devant une consonne suivie d'une voyelle, souvent comme **oû** en francais	oû	**tune**	toûn
y	1) dans les mots monosyllabiques, comme l'exclamation **aïe**	aï	**my**	maï
	2) ailleurs, généralement comme le **i** de si	i	**heavy**	**h**èvi

Sons écrits avec deux lettres ou plus

ai, ay	comme le **é** de pr**é** suivi du **i** de si	éi	**day**	déi
aw	comme le son **oo** du mot alc**oo**l, mais avec les lèvres plus arrondies	oo	**raw**	roo
ea, ee, ie (c)ei	généralement comme le **ie** de v**ie**, mais plus long	ii	**receipt**	risiit
ere	1) parfois comme **i** suivi d'un **eu** assez faible	ieu	**here**	hieur
	2) parfois comme **è** suivi d'un **eu** assez faible	èeu	**there**	ðèeur
ew	comme **iou** en français	yoû	**few**	fyoû
igh	comme **aïe**	aï	**high**	haï
oi, oy	plus ou moins comme **oï** dans M**oï**se	oï	**boy**	boï
oo	comme **ou** dans l**ou**rd	oû	**room**	roûm
ou, ow	souvent comme **aou** dans R**aou**l	aou	**now**	naou
er, ir, ur	comme **eu** dans p**eu**r, mais avec les lèvres ecartées et non arrondies, la voyelle étant suivie d'un **r** américain	eû	**fur**	feûr

N.B. En lisant les transcriptions, prenez garde à ne pas nasaliser une voyelle suivie de **m** ou de **n.** Ainsi, vous lirez le mot **on,** transcrit "an", comme le français **Anne,** et le mot **from,** transcrit "freum", comme s'il était suivi d'un **e** muet. En outre, toutes les consonnes finales doivent être prononcées.

Quelques expressions courantes

Oui.	**Yes.**	yès
Non.	**No.**	nôô
S'il vous plaît.	**Please.**	pliiz
Merci.	**Thank you.**	θænk you
Merci beaucoup.	**Thank you very much.**	θænk you **vè**ri meutch
Il n'y a pas de quoi.	**You're welcome.**	yoor **wèl**keum

Salutations

Bonjour.	**Good morning.**	ghoud **moor**ning
Bonjour.	**Good afternoon.**	ghoud æfteur**noûn**
Bonsoir.	**Good evening.**	ghoud **iiv**ning
Bonne nuit.	**Good night.**	ghoud naït
Au revoir.	**Good-by.**	ghoud**baï**
A bientôt.	**See you later.**	sii you **léi**teur
Voici Monsieur…	**This is Mr…**	ðis iz **mis**teur
Voici Madame…	**This is Mrs…**	ðis iz **mi**seuz
Voici Mademoiselle…	**This is Miss…**	ðis iz mis
Enchanté.	**I'm very pleased to meet you.**	aïm **vè**ri pliizd tou miit you
Comment allez-vous?	**How are you?**	haou ââr you
Très bien, merci.	**Very well, thank you.**	**vè**ri wèl θænk you
Et vous?	**And you?**	ænd you
Bien.	**Fine.**	faïn
Excusez-moi.	**Excuse me.**	iks**kyoûz** mi

Questions

Où?	**Where?**	wèeur
Où se trouve…?	**Where is…?**	wèeur iz
Où se trouvent…?	**Where are…?**	wèeur ââr
Quand?	**When?**	wèn

Quoi?	**What?**	wat
Comment?	**How?**	haou
Combien?	**How much?**	haou meutch
Combien?	**How many?**	haou **mè**ni
Qui?	**Who?**	hoû
Pourquoi?	**Why?**	waï
Lequel/Laquelle?	**Which?**	witch
Comment appelez-vous ceci?	**What do you call this?**	wat dou you kool ðis
Comment appelez-vous cela?	**What do you call that?**	wat dou you kool ðæt
Que veut dire ceci?	**What does this mean?**	wat deuz ðis miin
Que veut dire cela?	**What does that mean?**	wat deuz ðæt miin

Parlez-vous...?

Parlez-vous anglais?	**Do you speak English?**	dou you spiik **ing**ghlich
Parlez-vous allemand?	**Do you speak German?**	dou you spiik **djeûr**meun
Parlez-vous français?	**Do you speak French?**	dou you spiik frèntch
Parlez-vous espagnol?	**Do you speak Spanish?**	dou you spiik **spæ**nich
Parlez-vous italien?	**Do you speak Italian?**	dou you spiik i**tæl**yeun
Pourriez-vous parler plus lentement, s'il vous plaît?	**Could you speak more slowly, please?**	koud you spiik moor **slôô**li pliiz
S'il vous plaît, montrez-moi la phrase dans le livre.	**Please point to the phrase in the book.**	pliiz poïnt tou ðeu fréiz in ðeu bouk
Un instant. Je vais voir si je la trouve dans ce livre.	**Just a minute. I'll see if I can find it in this book.**	djeust eu **mi**neut. aïl sii if aï kæn faïnd it in ðis bouk
Je comprends.	**I understand.**	aï eundeur**stænd**
Je ne comprends pas.	**I don't understand.**	aï dôônt eundeur**stænd**

Est-ce que je peux...

Puis-je avoir... ?	**Can I have... ?**	kæn aï hæv
Pouvons-nous avoir... ?	**Can we have... ?**	kæn wi hæv
Pouvez-vous m'indiquer... ?	**Can you show me... ?**	kæn you chôô mi
Pouvez-vous me dire... ?	**Can you tell me... ?**	kæn you tèl mi
Pouvez-vous m'aider, s'il vous plaît?	**Can you help me, please.**	kæn you hèlp mi pliiz

Désirs

Je voudrais...	**I'd like...**	aïd laïk
Nous voudrions...	**We'd like...**	wiid laïk
S'il vous plaît, donnez-moi...	**Please give me...**	pliiz ghiv mi
Donnez-le moi, s'il vous plaît.	**Give it to me, please.**	ghiv it tou mi pliiz
S'il vous plaît apportez-moi...	**Please bring me...**	pliiz bring mi
Apportez-le moi, s'il vous plaît.	**Bring it to me, please.**	bring it tou mi pliiz
J'ai faim.	**I'm hungry.**	aïm **heung**gri
J'ai soif.	**I'm thirsty.**	aïm **θeûr**sti
Je suis fatiguée.	**I'm tired.**	aïm taïrd
Je me suis perdu.	**I'm lost.**	aïm lost
C'est important.	**It's important.**	its im**poor**teunt
C'est urgent.	**It's urgent.**	its **eûr**djeunt
Dépêchez-vous!	**Hurry up!**	**heû**ri eup

C'est/Il y a...

C'est...	**It is/It's...**	it iz/its
Est-ce... ?	**Is it... ?**	iz it
Ce n'est pas...	**It isn't...**	it **i**zeunt
Il y a...	**There is/There are...**	ðèeur iz/ðèeur ââr

EXPRESSIONS COURANTES

Y a-t-il... ?	**Is there/Are there... ?**	iz ðèeur/ââr ðèeur
Il n'y a pas...	**There isn't/ There aren't...**	ðèeur **i**zeunt/ðèeur **ââ**rnt
Il n'y en a pas.	**There isn't any/ There aren't any.**	ðèeur **i**zeunt **è**ni/ðèeur **ââ**rnt **è**ni

C'est...

grand/petit	**big/small**	bigh/smool
rapide/lent	**quick/slow**	kwik/slôô
tôt/tard	**early/late**	**eû**rli/léit
bon marché/cher	**cheap/expensive**	tchiip/iks**pèn**siv
près/loin	**near/far**	nieur/fââr
chaud/froid	**hot/cold**	hat/kôôld
plein/vide	**full/empty**	foul/**èmp**ti
facile/difficile	**easy/difficult**	**ii**zi/**di**fikeult
lourd/léger	**heavy/light**	**hè**vi/laït
ouvert/fermé	**open/shut**	**ôô**peun/cheut
juste/faux	**right/wrong**	raït/rong
ancien/nouveau	**old/new**	ôôld/noû
vieux/jeune	**old/young**	ôôld/yeung
beau/laid	**beautiful/ugly**	**byoû**tifeul/**eugh**li
bon/mauvais	**good/bad**	ghoud/bæd
meilleur/pire	**better/worse**	**bè**teur/weûrs

Prépositions, etc.

à	**at**	æt
sur	**on**	an
dans	**in**	in
à	**to**	tou
de	**from**	freum
dedans	**inside**	in**saïd**
dehors	**outside**	aout**saïd**
en haut	**up**	eup

en bas	**down**	daoun
avant	**before**	bi**foor**
après	**after**	**æf**teur
avec	**with**	wið
sans	**without**	wið**aout**
à travers	**through**	θroû
vers	**towards**	toordz
jusqu'à	**until**	eun**til**
pendant	**during**	**doû**ring
et	**and**	ænd
ou	**or**	oor
ne ... pas	**not**	nat
rien	**nothing**	**neu**θing
aucun	**none**	neun
très	**very**	**vè**ri
aussi	**also**	**ool**sôô
bientôt	**soon**	soûn
peut-être	**perhaps**	peur**hæps**
ici	**here**	hieur
là	**there**	ðèeur
maintenant	**now**	naou
alors	**then**	ðèn

Mini-grammaire

Voici l'essentiel de la grammaire anglaise. Les seules formes verbales données ici sont l'infinitif, l'impératif et le présent – celles dont vous aurez probablement le plus besoin pendant votre voyage. Mais la meilleure façon d'apprendre la langue est d'écouter et de la pratiquer. Vous aurez plus d'une occasion de le faire en employant les phrases de ce manuel.

L'article

L'article indéfini a deux formes: *a* s'emploie devant une consonne, *an* devant une voyelle ou un «h» muet.

a coat	un manteau
an umbrella	un parapluie
an hour	une heure

L'article défini n'a qu'une forme: *the*.

the room, the rooms	la chambre, les chambres

Some indique une quantité ou un nombre indéfini. On l'emploie devant les noms singuliers non dénombrables. Au pluriel, il équivaut au partitif «de».

I'd like some coffee, please.	J'aimerais du café, s.v.p.
Please bring me some cigarettes.	Apportez-moi des cigarettes, s.v.p.

Any s'emploie dans les phrases négatives et plusieurs types d'interrogatives.

There isn't any soap.	Il n'y a pas de savon.
Do you have any stamps?	Avez-vous des timbres?
Is there any mail for me?	Y a-t-il du courrier pour moi?

Le nom

Le pluriel de la plupart des noms se forme par l'addition de -(e)s au singulier.

cup – cups	tasse – tasses
dress – dresses	robe – robes

GRAMMAIRE

Note: Si un nom se termine par *-y* précédé d'une consonne, le pluriel se termine par *-ies;* si le «y» est précédé d'une voyelle, il n'y a pas de changement.

lady – ladies	dame – dames
key – keys	clé – clés

Voici quelques pluriels irréguliers:

man – men	homme – hommes
woman – women	femme – femmes
child – children	enfant – enfants
foot – feet	pied – pieds
tooth – teeth	dent – dents

Le complément du nom (génitif)

1. Le possesseur est une personne: si le nom ne se termine pas par *-s,* on ajoute *'s.*

the boy's room	la chambre du garçon
Anne's dress	la robe d'Anne
the children's clothes	les vêtements des enfants

Si le nom se termine par *s,* on ajoute l'apostrophe (').

the boys' rooms	les chambres des garçons

2. Le possesseur n'est pas une personne: employer la préposition *of:*

the key of the door	la clé de la porte

This/That (ce...-ci/ce...-là, celui-ci/celui-là). *This* (pluriel *these*) se réfère à une chose proche (dans l'espace ou le temps). *That* (pluriel *those*) se réfère à une chose plus éloignée.

Is this seat taken?	Ce siège est-il occupé?
That's my seat.	C'est mon siège.
Those are not my suitcases.	Ce ne sont pas mes valises.

L'adjectif

Les adjectifs se placent normalement avant le nom.

a large brown suitcase	une grande valise brune

Comparatif et superlatif

Il y a deux façons de former le comparatif et le superlatif des adjectifs:

1. Les adjectifs d'une syllabe et de nombreux adjectifs de deux syllabes prennent la terminaison *-(e)r* et *-(e)st.*

small – smaller – smallest
petit – plus petit – le plus petit
busy – busier – busiest*
occupé – plus occupé – le plus occupé

2. Les adjectifs de trois syllabes ou plus, et certains adjectifs de deux syllabes (ceux qui se terminent par *-ful* ou *-less,* par exemple) forment leurs comparatifs et superlatifs avec *more* et *most.*

expensive (cher) – **more expensive – most expensive**
careful (prudent) – **more careful – most careful**

Noter les formations irrégulières suivantes:

good	**better**	**best**
bad	**worse**	**worst**
little	**less**	**least**
much / **many**	**more**	**most**

Le pronom

		Sujet	Complément	Possessif 1	Possessif 2
Singulier					
1re personne		**I**	**me**	**my**	**mine**
2e personne		**you**	**you**	**your**	**yours**
3e personne	(m)	**he**	**him**	**his**	**his**
	(f)	**she**	**her**	**her**	**hers**
	(n.)	**it**	**it**	**its**	–
Pluriel					
1re personne		**we**	**us**	**our**	**ours**
2e personne		**you**	**you**	**your**	**yours**
3e personne		**they**	**them**	**their**	**theirs**

* L'«y» se change en «i» lorsqu'il est précédé d'une consonne.

Note: L'anglais ignore le tutoiement. Il n'a donc qu'une forme, *you,* signifiant «tu» ou «vous».

Le cas complément s'emploie aussi pour le complément indirect et après les prépositions:

Give it to me.	Donnez-le-moi.
He came with us.	Il est venu avec nous.

La forme 1 du possessif correspond à «mon», «ton», «son», etc., la forme 2 à «le mien», «le tien», etc.

Where's my key?	Où est ma clé?
That's not mine.	Ce n'est pas la mienne.

Verbes auxiliaires

Les verbes auxiliaires jouent un rôle essentiel. Apprenez donc le présent des trois suivants:

a. **to be** (être)

	Forme contractée	Négatif – formes contractées	
I am	**I'm**	**I'm not**	
you are	**you're**	**you're not**	ou **you aren't**
he is	**he's**	**he's not**	**he isn't**
she is	**she's**	**she's not**	**she isn't**
it is	**it's**	**it's not**	**it isn't**
we are	**we're**	**we're not**	**we aren't**
they are	**they're**	**they're not**	**they aren't**

Interrogation: **am I? – is he?** etc.

Note: Dans le langage quotidien, on emploie presque toujours les formes contractées.

L'anglais a deux formes pour le français «il y a»: *there is (there's)* suivi d'un nom au singulier; *there are* suivi d'un nom au pluriel.

Négation: **There isn't – There aren't**
Interrogation: **Is there? – Are there?**

b. **to have** (avoir)

	Contraction		Contraction
I have	**I've**	**it has**	**it's**
you have	**you've**	**we have**	**we've**
he/she has	**he/she's**	**they have**	**they've**

Négation: **I have not (haven't)**
Interrogation: **Have you? Has he?**

c. **to do** (faire)

I do, you do, he/she/it does, we do, they do

Négation: **I do not (I don't) – He does not (doesn't)**
Interrogation: **Do you? Does he?**

Les auxiliaires se conforment tous au même modèle:

1. la forme négative s'obtient en ajoutant *not;*
2. les questions se forment par inversion du verbe et du sujet.

GRAMMAIRE

Autres verbes

Présent: même forme qu'à l'infinitif pour toutes les personnes, sauf la 3e du singulier. Cette dernière se forme en ajoutant -*(e)s* à l'infinitif.

	(to) speak	(to) come	(to) go
I	**speak**	**come**	**go**
you	**speak**	**come**	**go**
he/she	**speaks**	**comes**	**goes**
we	**speak**	**come**	**go**
they	**speak**	**come**	**go**

La négation se forme au moyen de l'auxiliaire *do/does* + *not* + infinitif.

We do not (don't) like this hotel.	Nous n'aimons pas cet hôtel.

Interrogation

Elle se forme aussi avec l'auxiliaire *do* + sujet + infinitif.

Do you like her?	L'aimez-vous?

Présent continu

Ce temps n'existe pas en français. On le forme avec le verbe *to be* + le participe présent du verbe conjugué. Le participe présent se forme en ajoutant *-ing* à l'infinitif (en laissant tomber le *-e* final quand il y en a un). Notez que le présent continu ne peut s'employer qu'avec certains verbes, car il indique une action ou un état qui a lieu au moment où l'on parle.

To be étant un verbe auxiliaire, la négation se forme simplement à l'aide de *not* et l'interrogation par inversion du sujet et du verbe.

What are you doing?	Que faites-vous?
I'm writing a letter.	J'écris une lettre.

Impératif

L'impératif (singulier et pluriel) a la même forme que l'infinitif (sans *to*). La négation se forme avec *don't*.

Please bring me some water.	Apportez-moi de l'eau, s.v.p.
Don't be late.	Ne soyez pas en retard.

Adverbes

De nombreux adverbes se forment en ajoutant *-ly* à l'adjectif.

quick – quickly	rapide – rapidement
slow – slowly	lent – lentement

Notez cependant:

good – well	bon – bien
fast – fast	rapide – rapidement

Arrivée

Vous voici arrivé. Que vous soyez venu en bateau ou en avion, il vous faudra faire contrôler votre passeport et accomplir les formalités douanières. A bord, on vous aura certainement remis un formulaire de déclaration de douane: remplissez-le durant le voyage, vous gagnerez du temps à l'arrivée. (Pour le contrôle de l'auto/le contrôle frontalier, voir page 145).

Si vous avez de la peine à vous faire comprendre des douaniers, vous pouvez vous adresser, dans les grands aéroports internationaux du pays, à un fonctionnaire polyglotte de l'Office du Tourisme des Etats-Unis.

Passeport

Voici mon passeport.	**Here's my passport.**	hieurz maï **pæs**poort
Je resterai...	**I'll be staying...**	aïl bii **stéi**ing
quelques jours une semaine deux semaines un mois	**a few days a week two weeks a month**	eu fyoû déiz eu wiik toû wiiks eu meunθ
Je ne sais pas encore.	**I don't know yet.**	aï dôônt nôô yèt
Je suis ici en vacances.	**I'm here on vacation.**	aïm hieur an véi**kéi**cheun
Je suis ici pour affaires.	**I'm here on business.**	aïm hieur an **biz**neus
Je suis en transit.	**I'm just passing through.**	aïm djeust **pæ**sing θroû

Si vous avez des problèmes:

Excusez-moi, je ne comprends pas.	**I'm sorry, I don't understand.**	aım **sa**ri aı dôônt eundeur**stænd**
Y a-t-il ici quelqu'un qui parle français?	**Is there anyone here who speaks French?**	iz ðèeur **è**niweun hieur hoû spiiks frèntch

Douane

Voici ce que vous pourrez importer aux Etats-Unis (si vous avez plus de 21 ans) et rapporter dans votre pays en franchise:

Entrée aux:	Cigarettes	Cigares	Tabac	Alcools	Vin
Etats-Unis	200	ou 50	ou 1350 g	1 l	ou 1 l
Entrée au (en):					
Canada	200	et 50	et 900 g	1,1 l	ou 1,1 l
Belgique France Suisse	200	ou 50	ou 250 g	1 l	et 2 l

Plantes et denrées alimentaires sont soumises à un contrôle strict; on ne peut importer ni fruits, ni légumes, ni viande. La règle concerne aussi les chocolats à la liqueur.

Je n'ai rien à déclarer.	**I've nothing to declare.**	aïv **neu**θing tou di**klèeur**
J'ai une...	**I've a...**	aïv eu
cartouches de cigarettes	**carton of cigarettes**	**kââr**teun euv sigheu**rèts**
bouteille de whisky	**bottle of whiskey**	**ba**teul euv **wis**ki
bouteille de vin	**bottle of wine**	**ba**teul euv waïn
Dois-je payer pour ceci?	**Do I have to pay on this?**	dou aï hæv teu péi an ðis
Combien?	**How much?**	haou meutch
C'est pour mon usage personnel.	**It's for my personal use.**	its foor maï **peûr**seuneul yoûs
Ce n'est pas neuf.	**It's not new.**	its nat noû

Your passport, please.	Votre passeport, s.v.p.
Do you have anything to declare?	Avez-vous quelque chose à déclarer?
Please open this bag.	Veuillez ouvrir ce sac.
You'll have to pay duty on this.	Vous devez payer des droits de douane sur ceci.
Do you have any more luggage?	Avez-vous d'autres bagages?

Porteurs

Il est possible qu'un porteur se charge de vos bagages à la douane. Après le dédouanement, ils seront pris par un autre porteur. N'oubliez pas de regarder son numéro.

Porteur!	**Porter!**	**poor**teur
Prenez ces sacs, s.v.p.	**Please take these bags.**	pliiz téik ðiiz bæghz
C'est à moi.	**That's mine.**	ðæts maïn
Ce...-là/Cette...-là.	**That... one.**	ðæt weun
grand/petit bleu/brun noir/écossais	**big/small** **blue/brown** **black/plaid**	bigh/smool bloû/braoun blæk/plæd
Il en manque un/une.	**There's one piece missing.**	ðèeurz weun piis **mi**sing
Emportez ces sacs...	**Take these bags to the...**	téik ðiiz bæghz tou ðeu
au bus à la consigne automatique au taxi	**bus** **luggage lockers** **cab**	beus **leu**ghidj **la**keurz kæb
Combien vous dois-je?	**How much is that?**	haou meutch iz ðæt

POUR LES POURBOIRES, voir page 1

Change

Seules les agences principales des grandes villes et des aéroports acceptent l'argent étranger et les chèques de voyage en monnaie étrangère. Il vaut donc mieux se munir de chèques de voyage en dollars. De toute façon, ayez toujours sur vous des petites coupures ($1 et $5) pour les taxis, les pourboires et vos petits achats.

L'utilisation des cartes de crédit est très répandue. Son intérêt réside dans le fait que l'on peut retirer de l'argent liquide dans les agences disséminées dans le monde entier ou même aux distributeurs automatiques (renseignez-vous auprès de votre compagnie).

Où est le bureau de change le plus proche?	**Where's the nearest currency exchange?**	wèeurz ðeu **nieu**reust **keû**reunsi èks**tchéindj**
Pouvez-vous changer ces chèques de voyage?	**Can you cash these traveler's checks?**	kæn you kæch ðiiz **træv**leurz tchèks
Je voudrais changer...	**I want to change some...**	aï want tou tchéindj seum
des francs belges/ français/suisses	**Belgian/French/ Swiss francs**	**bèl**djeun/frèntch/swis frænks
Pouvez-vous changer ceci en dollars?	**Can you change this into dollars?**	kæn you tchéindj ðis **in**tou **da**leurz
Quel est le taux de change?	**What's the exchange rate?**	wats ði èks**tchéindj** réit

Directions

Comment va-t-on à...?	**How do I get to...?**	haou dou aï ghèt tou
Où est le bus pour la ville?	**Where's the bus going downtown?**	wèeurz ðeu beus **ghôô**ing **daoun**taoun
Où puis-je trouver un taxi?	**Where can I get a cab?**	wèeur kæn aï ghèt eu kæb
Où puis-je louer une voiture?	**Where can I rent a car?**	wèeur kæn aï rènt eu kââr

POUR L'ARGENT ET LES BANQUES, voir page 134

Location de voitures

On trouve des agences de location dans la plupart des aéroports, centres d'arrivée ou stations de chemin de fer. Les tarifs ne sont pas unifiés, aussi faut-il faire des comparaisons. En général, on vous proposera un forfait avec kilométrage illimité. Une carte de crédit est indispensable si vous ne voulez pas laisser une caution exorbitante; certaines compagnies refusent carrément le paiement en liquide. Un permis de conduire international est vivement recommandé ou, à défaut, une version traduite de votre permis habituel, que vous présenterez avec ce dernier.

Je voudrais louer une voiture.	**I'd like to rent a car.**	aïd laïk tou rènt eu kââr
une petite voiture	**small car**	smool kââr
une grande voiture	**large car**	lâârdj kââr
une voiture de sport	**sports car**	spoorts kââr
Je la voudrais pour...	**I'd like it for...**	aïd laïk it foor
un jour/quatre jours	**a day/four days**	eu déi/foor déiz
une semaine/ deux semaines	**a week/ two weeks**	eu wiik/toû wiiks
Avez-vous des tarifs spéciaux?	**Do you have any special rates?**	dou you haev **è**ni **spè**cheul réits
Y a-t-il des forfaits week-end?	**Are there any week-end arrangements?**	ââr ðèeur **è**ni «week-end» eu**réindj**meunts
Quel est le tarif par jour/semaine?	**What's the charge per day/week?**	wats ðeu tchâârdj peur déi/wiik
Le kilométrage est-il compris?	**Does that include mileage?**	deuz ðæt in**kloûd** **maï**lidj
Quel est le tarif par mile?	**What's the charge per mile?**	wats ðeu tchâârdj peur maïl
L'essence est-elle comprise?	**Is gas included?**	iz ghæs in**kloûd**eud
Je veux une assurance complète.	**I want full insurance.**	aï want foul in**choueu**reuns
Je voudrais rendre la voiture à...	**I want to leave the car in...**	aï want tou liiv ðeu kââr in

POUR LES VISITES TOURISTIQUES, voir page 75

Quelle est la caution?	**What's the deposit?**	wats ðeu di**pa**zeut
J'ai une carte de crédit.	**I've a credit card.**	aïv eu **krè**deut kâârd
Voici mon permis de conduire.	**Here's my driver's license.**	hieurz maï **draï**veurz **laï**seuns

Taxis

Les taxis se rangent en file devant les aéroports, les gares ferroviaires et routières, mais on peut aussi les héler dans la rue ou les appeler par téléphone (voir dans les pages jaunes sous *Taxicabs*).

Où puis-je trouver un taxi?	**Where can I get a cab?**	wèeur kæn aï ghèt eu kæb
Appelez-moi un taxi, s.v.p.	**Please get me a cab.**	pliiz ghèt mi eu kæb
Quel est le tarif pour...?	**What's the fare to...?**	wats ðeu fèeur tou
A quelle distance se trouve...?	**How far is it to...?**	haou fââr iz it tou
Conduisez-moi...	**Take me...**	téik mi
à cette adresse	**to this address**	tou ðis eu**drès**
en ville	**downtown**	**daoun**taoun
à l'hôtel...	**to the...Hotel**	tou ðeu...hôô**tèl**
à l'aéroport	**to the airport**	tou ði **èr**port
à la gare de chemin de fer/routière	**to the railroad station/bus station**	tou ðeu **réil**rôôd **stéi**cheun/beus **stéi**cheun
Tournez...au prochain coin de rue.	**Turn...at the next corner.**	teûrn...æt ðeu nèkst **koor**neur
à gauche/à droite	**left/right**	lèft/raït
Continuez tout droit.	**Go straight ahead.**	ghôô stréit eu**hèd**
Arrêtez-vous ici, s.v.p.	**Please stop here.**	pliiz stap hieur
Je suis pressé(e).	**I'm in a hurry.**	aïm in eu **heû**ri
Pourriez-vous rouler plus lentement?	**Could you drive more slowly?**	koud you draïv moor **slôô**li
Pourriez-vous m'aider à porter mes bagages?	**Could you help me carry my bags?**	koud you hèlp mi **kæ**ri maï bæghz

POUR LES POURBOIRES, voir page 1

Hôtel – Logement

Hotels (hôô**tèlz**). Certaines agences de voyage et les grandes chaînes d'hôtels disposent de lignes de téléphone gratuites pour réserver les chambres. D'autres groupes ont un service interhôtelier, qui vous permet de faire réserver sans frais une chambre pour votre prochaine étape. Aux Etats-Unis, une chambre d'hôtel comprend, en général, des lits jumeaux, un téléphone au moins, une salle de bains spacieuse, un poste de télévision, une installation de chauffage et de climatisation que vous pouvez régler à votre guise, un placard-penderie, de quoi écrire, un grand nombre de prises électriques, de l'eau potable (parfois glacée), un ouvre-bouteille...et une Bible. Vous y découvrirez encore divers «gadgets» pratiques. Les repas ne sont jamais inclus dans le prix des chambres, sauf dans les hôtels des stations touristiques. Il n'existe pas de classification officielle des établissements.

Motels (môô**tèlz**). Ce mot est dérivé de *motor* (moteur) et de *hotel* (hôtel). Invention américaine, le motel est pratique et économique pour les automobilistes. On l'appelle également *motor inn, motor lodge* ou *motor hotel.* En général, c'est un long bâtiment d'un étage, situé aux abords d'une ville. Une enseigne lumineuse vous indique qu'il y a des chambres disponibles *(vacancy)* ou que l'hôtel est complet *(no vacancy)*. On y pénètre en voiture, on paie à l'avance et on emporte ses bagages dans sa chambre. Il n'y a pas de formalités de départ. Les motels sont simples, bien que plusieurs d'entre eux valent des hôtels de première classe. Très souvent dépourvus de restaurant, de portier ou de téléphone dans les chambres, certains d'entre eux sont pourtant équipés de piscines, de terrains de jeu, d'un chenil et d'autres commodités agréables. En pleine saison, les bons motels affichent complet très tôt; aussi, il est recommandé de chercher une place vers la fin de l'après-midi ou de réserver.

Tourist homes, farms, ranches (**toû**reust hôômz, fâârmz, **ræn**tcheuz). Dans les petites villes, le long des routes secondaires, on peut voir de grandes et vieilles maisons appartenant à des particuliers qui louent des chambres pour la nuit. En général, elles sont simples mais propres avec salle de bains dans le hall. Il arrive que des propriétaires de fermes et de ranches louent aussi des chambres.

Youth hostels (yoûθ **has**teulz). Si vous êtes membre d'une association d'auberges de jeunesse de votre pays, vous pouvez bénéficier des facilités offertes par celles des Etats-Unis. Vous pouvez aussi en devenir membre sur place en vous inscrivant. Même les couples accompagnés d'enfants peuvent y séjourner. On ne compte qu'une centaine d'auberges, presque toutes en dehors des grandes villes. Le logement est simple; une cuisine communautaire y est disponible.

YMCA/YWCA (waï–èm–sii–éi/waï–**deu**beulyou–sii–éi). De nombreux établissements appartenant aux Unions Chrétiennes de Jeunes Gens (ou de Jeunes Filles) sont situés au centre des villes. Le prix des chambres y est avantageux. Les sexes sont séparés. Les usagers ont également accès à la piscine, à la salle de gymnastique et à d'autres divertissements.

Au pages suivantes, nous examinons vos problèmes un à un, du début à la fin de votre séjour. Il n'est pas nécessaire de tout lire à la fois. Examinez chaque cas séparément.

Formalités d'arrivée – Réception

Je m'appelle...	**My name is...**	maï néim iz
J'ai réservé.	**I've a reservation.**	aïv eu rèzeur**véi**cheun
Nous avons réservé deux chambres, l'une à un lit et l'autre à deux lits.	**We've reserved two rooms, a single and a double.**	wiiv ri**zeûrvd** toû roumz eu **sing**gheul ænd eu **deu**beul
Je vous ai écrit le mois dernier.	**I wrote to you last month.**	aï rôôt tou you læst meunθ
Voici la confirmation.	**Here's the confirmation.**	hieurz ðeu kanfeur**méi**cheun

Je voudrais une chambre...	**I'd like a...**	aïd laïk eu
à un lit	**single room**	**singg**heul roum
à deux lits	**double room**	**deu**beul roum
avec deux lits jumeaux	**room with twin beds**	roum wið twin bedz
avec salle de bains	**room with a bath**	roum wið eu bæθ
avec douche	**room with a shower**	roum wið eu **chaou**eur
avec balcon	**room with a balcony**	roum wið eu **bæl**keuni
avec vue	**room with a view**	roum wið eu vyoû
Nous voudrions une chambre...	**We'd like a room...**	wiid laïk eu roum
sur la rue	**in the front**	in ðeu freunt
sur la cour	**at the back**	æt ðeu bæk
avec vue sur l'océan	**facing the ocean**	**féi**sing ði **ôô**cheun
Nous aimons le calme.	**It must be quiet.**	it meust bii **kwaï**eut
Y a-t-il... ?	**Is there... ?**	iz ðèeur
air conditionné	**air conditioning**	èeur keun**di**cheuning
radio/télévision dans la chambre	**a radio/television in the room**	eu **réi**diôô/**tè**leuvijeun in ðeu roum
blanchisserie	**laundry service**	**loon**dri **seûr**veus
chasseur	**room service**	roum **seûr**veus
toilettes particulières	**a private toilet**	eu **praï**veut **toï**leut

Combien?

Quel est le prix... ?	**What's the price... ?**	wats ðeu praïs
pour une semaine	**per week**	peur wiik
pour une nuit	**per night**	peur naït
pour la chambre et le petit déjeuner	**for bed and breakfast**	foor bèd ænd **brèk**feust
pour la chambre seulement	**European plan**	youreu**pii**eun plæn
de la pension complète	**American plan**	eu**mè**reukeun plæn
de la demi-pension	**modified American plan**	**ma**deufaïd eu**mè**reukeun plæn
Les taxes sont-elles comprises ?	**Does that include sales tax ?**	deuz ðæt in**kloûd** séilz tæks
Est-ce qu'il y a une réduction pour les enfants?	**Is there any reduction for children?**	iz ðèeur **è**ni ri**deuk**cheun foor **tchil**dreun

POUR LES NOMBRES, voir page 175

Combien de temps?

Nous resterons...	**We'll be staying...**	wiil bii **stéi**ing
une nuit seulement	**overnight only**	ôôveur**naït ôôn**li
quelques jours	**a few days**	eu fyoû déiz
une semaine (au moins)	**a week (at least)**	eu wiik (æt liist)
Je ne sais pas encore.	**I don't know yet.**	aï dôônt nôô yèt

Décision

Puis-je voir la chambre?	**May I see the room?**	méi aï sii ðeu roum
Non, elle ne me plaît pas.	**No, I don't like it.**	nôô aï dôônt laïk it
Elle est trop...	**It's too...**	its toû
froide/chaude	**cold/hot**	kôôld/hat
sombre/petite	**dark/small**	dââṙk/smool
bruyante	**noisy**	**noï**zi
J'ai demandé une chambre avec salle de bains.	**I asked for a room with a bath.**	aï æskt foor eu roum wið eu bæθ
N'avez-vous rien de...	**Do you have anything...**	dou you hæv **è**niθing
mieux/plus grand	**better/bigger**	**bè**teur/**bi**gheur
meilleur marché/ plus tranquille	**cheaper/quieter**	**tchii**peur/**kwaï**euteur
Avez-vous une chambre avec une plus jolie vue?	**Do you have a room with a better view?**	dou you hæv eu roum wið eu **bè**teur vyoû
C'est bien. Je la prends.	**That's fine. I'll take it.**	ðæts faïn. aïl téik it

La note

A l'hôtel, on la règle chaque semaine ou, si l'on reste moins longtemps, au moment du départ. Au motel, on paie à l'avance, de sorte que vous pouvez partir quand bon vous semble. Les deux types d'établissements accordent une réduction pour les enfants et, sur demande, vous obtiendrez gratuitement un lit supplémentaire ou un lit d'enfant.

POUR LES JOURS DE LA SEMAINE, voir page 180

Pourboires

Aux Etats-Unis, le service n'est pas inclus dans la note, qui comprend toutefois, dans certains cas, des taxes municipales ou d'Etat, ou les deux à la fois.

Les pourboires sont modérés, mais il est courant de donner quelque chose au porteur qui monte vos bagages dans votre chambre et au garçon d'étage lorsqu'il vous rend de menus services.

Déclaration de séjour

A votre arrivée à l'hôtel ou au motel, on vous présentera une *registration form* (fiche) à remplir, ou l'on vous demandera de signer le registre de l'hôtel, c'est-à-dire, le plus souvent, d'y inscrire simplement vos nom et adresse. Ces fiches sont moins officielles aux Etats-Unis qu'en Europe, mais il est rare qu'elles soient rédigées en une autre langue que l'anglais. Si vous ne comprenez pas quelque chose, posez la question suivante au réceptionnaire (*desk clerk*–dèsk kleûrk):

Qu'est-ce que cela signifie?	**What does this mean?**	wat deuz ðis miin

Il est fort possible qu'on ne vous demande ni passeport ni carte d'identité. Le réceptionnaire vous dira peut-être:

Would you mind filling in this registration form?	Veuillez remplir cette fiche.
Please sign here.	Veuillez signer ici.
How long will you be staying?	Combien de temps resterez-vous?

Quelle est le numéro de ma chambre?	**What's my room number?**	wats maï roum **neum**beur
Voulez-vous faire monter nos bagages?	**Will you have our bags sent up?**	wil you hæv aoueur bæghz sènt eup

POUR LES POURBOIRES, voir page 1

Services

chasseur	**bellboy**	**bèl**boï
directeur	**manager**	**mæ**neudjeur
femme de chambre	**maid**	méid
garçon d'étage	**room service**	roum **seûr**veus
portier	**porter**	**poor**teur
serveur	**waiter**	**wéi**teur
serveuse	**waitress**	**wéi**treus
téléphoniste	**switchboard operator**	**switch**boord apeuréiteur

Si vous avez recours au personnel de l'hôtel, appelez une jeune femme *miss* (mis), une femme plus âgée *madam* (**mæ**deum) ou *m'am* (mæm), bien que ces formes soient moins fréquemment employées en anglais qu'en français. Aborder un membre du personnel avec les mots *excuse me* (iks**kyoûz** mi–excusez-moi) avant de formuler ses désirs est une façon polie de demander un service. On n'appelle jamais des employés de sexe masculin *sir* (monsieur). Appelez-les par les noms qui désignent leur fonction: *waiter, porter,* etc.

Menus services

Qui est là?	**Who is it?**	hoû iz it
Un instant, s.v.p.	**Just a minute.**	djeust eu **mi**neut
Entrez!	**Come in!**	keum in
La porte est ouverte.	**The door's open.**	ðeu doorz **ôô**peun
Y a-t-il une salle de bains à cet étage?	**Is there a bath on this floor?**	iz ðèeur eu bæθ an ðis floor
Où est la prise pour le rasoir?	**Where's the plug for the shaver?**	wèeurz ðeu pleugh foor ðeu **chéi**veur
Pouvons-nous prendre le petit déjeuner dans notre chambre?	**Can we have breakfast in our room?**	kæn wi hæv **brèk**feust in **aou**eur roum
J'aimerais déposer ceci dans votre coffre-fort.	**I'd like to leave these in your safe.**	aïd laïk teu liiv ðiiz in yoor séif
Pouvez-vous me trouver un/une garde d'enfants?	**Can you find me a babysitter?**	kæn you faïnd mi eu **béi**bisiteur

HÔTEL – SERVICE

RING FOR SERVICE — SONNER POUR LE SERVICE

Puis-je avoir... ?	**May I have a/an/ some... ?**	méi aï hæv eu/eun/seum
cendrier	**ashtray**	æchtréi
(d'autres) cintres	**(more) hangers**	(moor) hængeurz
couverture supplémentaire	**extra blanket**	èkstreu blænkeut
cubes de glace	**ice cubes**	aïs kyoûbz
enveloppes	**envelopes**	ènveulôôps
lampe de chevet	**reading lamp**	riiding læmp
oreiller supplémentaire	**extra pillow**	èkstreu pilôô
papier à lettres	**writing paper**	raïting péipeur
savon	**soap**	sôôp
serviette de bain	**bath towel**	bæθ taoueul
Où est/Où sont... ?	**Where's the... ?**	wèeurz ðeu
coiffeur pour hommes	**barber shop**	bâârbeur chap
restaurant	**restaurant**	rèsteureunt
salle de bains	**bathroom**	bæθroum
salle à manger	**dining room**	daïning roum
salle de télévision	**television room**	tèleuvijeun roum
salon de coiffure	**beauty salon**	byoûti seulan
toilettes	**restroom**	rèstroum

Petit déjeuner

Le petit déjeuner américain consiste en un jus de fruit, des œufs au plat avec du jambon, du lard ou des saucisses de porc, des toasts beurrés et du café. Parfois, un petit déjeuner copieux comprend aussi une pile de crêpes chaudes ou une gaufre servie avec du beurre, du sirop d'érable ou de maïs.

Je voudrais...	**I'll have a/some...**	aïl hæv eu/seum
beignet	**donut, doughnut**	dôôneut
céréales chaudes/froides	**cereal hot/cold**	siirieul hat/kôôld
confiture	**jam**	djæm
crêpes	**pancakes**	pænkéiks
gaufres	**waffles**	wafeulz
jus (de fruit)	**fruit juice**	froût djoûs
ananas/orange	**pineapple/orange**	païnæpeul/areundj
pamplemousse/ tomate	**grapefruit/ tomato**	ghréipfroût/teuméitôô

POUR LES RESTAURANTS, voir pages 38–64

œufs	**eggs**	èghz
œufs au bacon	**bacon and eggs**	**béi**keun ænd èghz
œufs brouillés	**scrambled eggs**	**skræm**beuld èghz
œufs durs	**boiled eggs**	boïld èghz
œufs au jambon	**ham and eggs**	hæm ænd èghz
œufs au plat*	**fried eggs**	fraïd èghz
omelette	**omelet**	**am**lèt
petits pains sucrés	**sweet rolls/ Danish pastry**	swiit rôôlz/**déi**nich **péis**tri
toast	**toast**	tôôst
yoghurt	**yoghurt**	**yôô**gheurt

Puis-je avoir...?	**May I have some...?**	méi aï hæv seum

beurre	**butter**	**ba**teur
café/thé	**coffee/tea**	**ka**fi/tii
chocolat	**chocolate**	**tchak**leut
citron/miel	**lemon/honey**	**lè**meun/**heu**ni
crème/sucre	**cream/sugar**	kriim/**chou**gheur
eau chaude	**hot water**	hat **woo**teur
lait chaud/froid	**hot/cold milk**	hat/kôôld milk
pain/petits pains	**bread/rolls**	brèd/rôôlz
sel/poivre	**salt/pepper**	soolt/**pè**peur

Pouvez-vous m'apporter un/une...?	**Could you bring me a...?**	koud you bring mi eu

assiette	**plate**	pléit
couteau/fourchette	**knife/fork**	naïf/foork
cuillère	**spoon**	spoûn
verre/tasse	**glass/cup**	ghlæs/keup

Difficultés

Le/la/l'/les...ne fonctionne(nt) pas.	**The...doesn't work.**	ðeu...**deu**zeunt weûrk

aération	**ventilator**	**vèn**teuléiteur
air conditionné	**air-conditioner**	èeur keu**di**cheuneur
chauffage	**heating**	**hii**ting
lumière	**light**	laït
radio/télévision	**radio/television**	**réi**diôô/**tè**leuvijeun
réfrigérateur	**refrigerator**	ri**fri**djeuréiteur
robinet	**tap**	tæp
toilettes	**toilet**	**toï**leut
ventilateur	**fan**	fæn

* On vous demandera si vous les désirez *sunny side up* (**seu**ni saïd eup–au plat), *over* (**ôô**veur–renversés) ou *over up* (**ôô**veur eup–retournés).

HÔTEL – SERVICE

Le lavabo est bouché.	**The wash basin is clogged.**	ðeu woch **béi**seun iz klaghd
La fenêtre est bloquée.	**The window is jammed.**	ðeu **win**dôô iz djæmd
Le store (vénitien) est coincé.	**The blind is stuck.**	ðeu blaïnd iz steuk
Ce ne sont pas mes souliers.	**These aren't my shoes.**	ðiiz âârnt maï choûz
Ce n'est pas mon linge.	**This isn't my laundry.**	ðis **i**zeunt maï **loon**dri
Il n'y a pas d'eau chaude.	**There's no hot water.**	ðèeurz nôô hat **woo**teur
J'ai perdu ma montre.	**I've lost my watch.**	aïv lost maï watch
J'ai laissé ma clé dans ma chambre.	**I've left my key in my room.**	aïv lèft maï kii in maï roum
Le/la/l'... ne marche plus.	**The... is broken.**	ðeu... iz **brôô**keun
ampoule	**bulb**	beulb
interrupteur	**switch**	switch
jalousie	**venetian blind**	veu**nii**cheun blaïnd
lampe	**lamp**	læmp
soupape	**plug**	pleugh
store	**window shade**	**win**dôô chéid
Pouvez-vous le faire réparer?	**Can you get it fixed?**	kæn you ghèt it fikst

Téléphone - Courrier - Visiteurs

Pouvez-vous me passer Atlanta 123–4567?	**Can you get me Atlanta 123–4567?**	kæn you ghèt mi æt**læn**teu 123–4567
Est-ce qu'on m'a appelé?	**Did anyone telephone me?**	did **è**niweun **tè**leufôôn mi
Avez-vous des timbres?	**Do you have any stamps?**	dou you hæv **è**ni stæmps
Pouvez-vous poster ceci, s'il vous plaît?	**Would you please mail this for me?**	woud you pliiz méil ðis foor mi
Y a-t-il un message pour moi?	**Are there any messages for me?**	ââr ðèeur **è**ni **mè**sidjeuz foor mi

POUR LA POSTE ET LE TÉLÉPHONE, voir pages 137–141

Départ

Puis-je avoir ma note, s.v.p.?	**May I please have my bill?**	méi aï pliiz hæv maï bil
Je pars demain matin de bonne heure. Préparez ma note, s.v.p.	**I'm leaving early tomorrow. Please have my bill ready.**	aïm **lii**ving **eûr**li teu**ma**rôô. pliiz hæv maï bil **rè**di
Nous partirons vers midi/bientôt.	**We'll be checking out around noon/ soon.**	wiil bii **tchè**king aout eu**raound** noûn/soûn
Je dois partir immédiatement.	**I must leave at once.**	aï meust liiv æt weuns
Tout est-il compris?	**Is everything included?**	iz **è**vriθing in**kloû**deud
Je crois que vous avez commis une erreur dans cette note.	**You've made a mistake in this bill, I think.**	youv méid eu mis**téik** in ðis bil aï θink
Pouvez-vous nous appeler un taxi?	**Can you get us a cab?**	kæn you ghèt eus eu kæb
A quelle heure part le prochain... pour Chicago?	**When's the next... to Chicago?**	wènz ðeu nèkst... tou chi**kââ**ghôô
bus/train/avion	**bus/train/plane**	beus/tréin/pléin
Pouvez-vous envoyer quelqu'un pour descendre nos bagages?	**Would you send someone to bring down our baggage?**	woud you sènd **seum**weun tou bring daoun **aou**eur **bæ**ghidj
Nous sommes très pressés.	**We're in a great hurry.**	wiir in eu ghréit **heû**ri
Voici notre future adresse.	**Here's the forwarding address.**	hieurz ðeu **foor**weurding eu**drès**
Vous avez mon adresse habituelle.	**You have my home address.**	you hæv maï hôôm eu**drès**
Nous avons fait un séjour très agréable.	**It's been a very enjoyable stay.**	its bin eu **vè**ri in**djoï**eubeul stéi
J'espère que nous reviendrons un jour.	**I hope we'll come again sometime.**	aï hôôp wiil keum eu**ghèn** **seum**taïm

POUR LES TAXIS, voir page 27

Restaurant

Il est rare que la carte soit affichée à l'entrée des restaurants, mais la plupart des autres établissements placent de grandes affiches dans leurs vitrines, vantant spécialités et prix. Il n'existe pas de classification officielle des restaurants.

Restaurants (rèsteureunts). Il y a certainement un restaurant dans votre hôtel, mais les repas y sont probablement chers et sans fantaisie. Dans les villes importantes, vous en trouverez de nombreux, sans oublier les restaurants étrangers. Dans la plupart de ceux-ci, les prix sont modérés et l'on y sert des plats exotiques délicieux. Toutefois, les restaurants français sont plutôt chers, alors que les restaurants chinois sont parmi les moins onéreux.

Counter restaurants (**kaoun**teur **rès**teureunts–avec service au bar). D'innombrables restaurants de ce genre offrent toute espèce de sandwiches et de hamburgers, ainsi qu'un choix limité de vrais repas. Certains restaurants ont un bar, où vous serez plus rapidement servi. On les trouve dans les drugstores, les grands magasins, les aérogares et les autres gares. D'autres servent des repas jour et nuit.

Cafeterias (kæfeu**tii**rieuz). Dans ces restaurants libre-service, les repas sont généralement bon marché.

Coffee shops (**ka**fi chaps). Ils pullulent dans tout le pays. Comme leur nom l'indique, on y boit du bon café; on y sert aussi le petit déjeuner, des repas légers, et quelquefois des menus à prix raisonnables.

Delicatessens (dèlikeu**tè**seunz). Avec ses saucisses, ses assiettes anglaises, ses salades, ses viandes épicées et fumées, un *delly* ressemble fort à une charcuterie ou à un traiteur. Là, vous pouvez obtenir des sandwiches copieux. On y sert au bar ou à table, mais tous sont organisés pour les *carry-outs* (**kæ**ri-aouts) ou *take-outs* (**téik**-aouts–ventes à l'emporter). Vous en trouverez à New York et dans d'autres grandes villes.

Drive-ins (**draï**vinz). Une autre invention américaine. Vous pouvez y pénétrer en voiture. Un *drive-in* ressemble à un grand parc entourant un petit bâtiment. Dans certains d'entre eux, on sert des desserts à base de lait et de crème, du poulet et des hamburgers; dans d'autres, des assiettes ou des plats. Dans plusieurs *drive-ins* plus récents, des poteaux sont plantés à la hauteur de la vitre avant de votre voiture; c'est là que l'on trouve la carte. Votre choix fait, vous commandez votre repas à l'aide d'un micro installé à côté de votre voiture. Une serveuse (appelée *carhop*), jeune et revêtue d'un uniforme, vous apporte la nourriture sur un plateau qu'elle fixe à la portière de votre voiture. A la fin du repas, la *carhop* apporte l'addition, reprend le plateau, et vous repartez sans avoir quitté l'auto.

Bars, taverns (bâârz, **tæ**veurnz). Vous pouvez y consommer des repas copieux à bas prix. Les clients, presque exclusivement de sexe masculin, sont censés arroser généreusement leur repas.

Heures des repas

Le déjeuner, appelé *lunch, luncheon* ou *dinner* (leuntch, **leuntch**eun, **di**neur), est généralement servi de 11 h. à 14 h. Le dîner, appelé *dinner* ou *supper* (**seu**peur), est habituellement servi de 18 h. à 21 h.

What would you like?	Que désirez-vous?
I recommend this.	Je vous recommande ce plat.
What would you like to drink?	Que voulez-vous boire?
We don't have...	Nous n'avons pas de...
Do you want...?	Voulez-vous...?

POUR LE PETIT DÉJEUNER, voir page 34

Les repas

En se dirigeant vers votre table, le garçon aura certainement la carte dans une main et un verre d'eau glacée dans l'autre. Tous les repas sont accompagnés de pain et de beurre, servis gratuitement. Vous le constaterez, le service est généralement beaucoup plus rapide et moins cérémonieux qu'en Europe. Les dîneurs américains, surtout les habitués des endroits connus et fréquentés, ne prolongent pas leur repas, afin de laisser la place à d'autres clients.

Les étrangers seront étonnés de voir les Américains inonder littéralement de *ketchup* ou *catsup* pommes frites, biftecks, œufs au plat, légumes, *hamburgers, hot-dogs,* etc... C'est, de toute évidence, le condiment le plus populaire aux Etats-Unis. Ceux qui pensent que la cuisine américaine se limite aux *hamburgers* et aux *hot-dogs* seront fort surpris : chaque groupe ethnique a contribué par ses propres plats à l'élaboration de la gastronomie américaine. Il faudrait compléter l'expression de là-bas : "américain comme une tarte aux pommes", par "américain comme le *borscht,* le *chop suey,* le *chili con carne,* le *coq-au-vin,* la *pizza,* les *spaghetti,* les *wiener schnitzel".* Car ces préparations ont été adoptées, entre autres, par les Américains.

Nous vous conseillons de goûter aux nombreux plats régionaux. Sans être typiquement américaine, la cuisine du Sud est l'une des plus originales des Etats-Unis. La cuisine créole se prépare en Louisiane, surtout aux environs de la Nouvelle-Orléans. Elle date du début de la colonisation. C'est un mélange savoureux des cuisines anglaise, française et espagnole, auxquelles s'ajoutent celles des tribus indiennes Chickasaw et Choctaw et celles des esclaves africains.

Avez-vous faim?

J'ai faim/ J'ai soif.	**I'm hungry/ I'm thirsty.**	aïm **heung**gri/ aïm **θeûrs**ti
Pouvez-vous me recommander un bon restaurant?	**Can you recommend a good restaurant?**	kæn you rèkeu**mènd** eu ghoud **rès**teureunt
Y a-t-il des restaurants à prix raisonnables dans les environs?	**Are there any inexpensive restaurants around here?**	ââr ðèeur **è**ni inik**spèn**siv **rès**teureunts eu**raound** hieur
J'aimerais réserver une table pour 4 personnes.	**I'd like to reserve a table for 4.**	aïd laïk tou ri**zeûrv** eu **téi**beul foor 4
Nous viendrons à 8 h.	**We'll come at 8.**	wiil keum æt 8

Demandes et commandes

Bonsoir. J'aimerais une table pour 3 personnes.	**Good evening. I'd like a table for 3.**	ghoud **iiv**ning. aïd laïk eu **téi**beul foor 3
Pourrions-nous avoir une...?	**Could we have a...?**	koud wi hæv eu
table dans un coin	**table in the corner**	**téi**beul in ðeu **koor**neur
table près de la fenêtre	**table by the window**	**téi**beul baï ðeu **win**dôô
table dehors	**table outside**	**téi**beul aout**saïd**
Où sont les toilettes pour messieurs/ pour dames?	**Where's the men's room/ powder room?**	wèeurz ðeu mènz roum/ **paou**deur roûm
Puis-je voir la carte?	**May I please have the menu?**	méi aï pliiz hæv ðeu **mè**nyoû
Qu'est ceci?	**What's this?**	wats ðis
Veuillez nous apporter un/une...	**Could we please have...?**	koud wi pliiz hæv
assiette	**a plate**	eu pléit
cendrier	**an ashtray**	eun **æch**tréi
autre chaise	**another chair**	eu**neu**ðeur tchèeur
couteau	**a knife**	eu naïf
cuiller	**a spoon**	eu spoûn
cure-dents	**a toothpick**	eu **toûθ**pik
serviette	**a napkin**	eu **næp**keun
verre	**a glass**	eu ghlæs

J'aimerais une entrée.	**I'd like an appetizer.**	aïd laïk eun æpeutaïzeur
J'aimerais...	**I'd like some...**	aïd laïk seum
beurre	**butter**	**beu**teur
café	**coffee**	**ko**fi
citron	**lemon**	**lè**meun
dessert	**dessert**	dize**ûrt**
eau (minérale)	**(mineral) water**	(**min**reul) **woo**teur
fromage	**cheese**	tchiiz
fruit	**fruit**	froût
fruits de mer	**seafood**	**sii**foûd
glace	**ice-cream**	**aïs**kriim
huile	**oil**	oïl
lait	**milk**	milk
légumes	**vegetables**	**vèdj**teubeulz
moutarde	**mustard**	**meus**teurd
pain	**bread**	brèd
petits pains	**rolls**	rôôlz
pommes frites	**french fries**	frèntch fraïz
pommes de terre	**potatoes**	peu**téi**tôôz
poisson	**fish**	fich
poivre	**pepper**	**pè**peur
riz	**rice**	raïs
salade	**salad**	**sæ**leud
sel	**salt**	soolt
soupe	**soup**	soûp
sucre	**sugar**	**chou**gheur
thé	**tea**	tii
viande	**meat**	miit
vin	**wine**	waïn
vinaigre	**vinegar**	**vi**nigheur
volaille	**fowl**	faoul

Remarque: Si vous recevez une portion de bifteck ou de poulet excédant votre appétit, vous pouvez demander dans la plupart des restaurants un *doggie bag* (**do**ghi bægh– paquet pour le chien). Vous n'êtes d'ailleurs pas obligé de donner ces restes au chien; cela fera un bon casse-croûte pour le lendemain.

Qu'y a-t-il sur la carte?

Nous avons établi notre carte selon l'ordre habituel des plats. Sous chaque titre figure une liste alphabétique des mets susceptibles de se trouver sur une carte américaine, avec leurs équivalents en français. Vous pouvez aussi montrer le livre au garçon; par exemple, si vous désirez des fruits, demandez-lui de vous montrer sur la liste ceux qui sont disponibles. Pour les commandes, référez-vous aux pages 41 et 42.

Le **blue plate special** (bloû pléit **spè**cheul) est un plat du jour spécialement préparé, à midi, à l'intention des hommes d'affaires. Le mot *special* désigne très souvent une assiette ou un repas à un prix intéressant. Dans les restaurants d'une catégorie supérieure, ce plat est nommé *table d'hôte*. Le service n'est jamais compris dans l'addition. Dans certaines villes, il arrive qu'une taxe municipale ou départementale, ou les deux à la fois, y soit incluse. Il est d'usage de donner au garçon 15% du prix du repas.

Au bas de l'addition, on trouve parfois la phrase «*please pay cashier*» (payez à la caisse, s'il vous plaît). Mais, même dans ce cas, n'oubliez pas de laisser le pourboire du garçon sur la table.

Entrées

Dans les nombreux restaurants étrangers de New York, on peut manger deux entrées d'origine juive: les *blintzes* (**blin**tseuz) et le *lox* (laks). Crêpes fourrées au fromage chaud, les blintzers sont une spécialité russe que l'on trouve dans les restaurants cascher. Le *lox* est du saumon fumé que l'on sert avec des *bagels* (**béi**gheulz), petits pains en forme d'anneaux et à croûte dure.

J'aimerais une entrée.	**I'd like an appetizer.**	aïd laïk eun æpeutaïzeur
artichoke	**ââr**titchôôk	artichaut
asparagus tips	eus**pæ**reugheus tips	pointes d'asperges
avocado	æveu**kââ**dôô	avocat
canapes	**kæ**neupiiz	canapés
caviar	**kæ**viââr	caviar
cold cuts	kôôld keuts	assiette de charcuterie
crab cocktail	kræb **kak**téil	cocktail de crabes
devilled eggs	**dè**veuld èghz	œufs à la diable
fruit juice	froût djoûs	jus de fruits
grapefruit/ orange	**gréip**froût/areundj	pamplemousse/ orange
pineapple/tomato	païnæpeul/teu**méi**tôô	ananas/tomate
(half a) grapefruit	(hæf eu) **gréip**froût	un (demi-) pamplemousse
fruit cocktail	froût **kak**téil	salade de fruits
goose liver paste	ghoûs **li**veur péïst	foie gras
ham	hæm	jambon
herring	**hè**ring	hareng
marinated herring	**mæ**reunéiteud **hè**ring	salé
smoked herring	smôôkt **hè**ring	saur
lobster	**lab**steur	homard
mushrooms	**meuch**roûmz	champignons
olives	**a**livz	olives
oysters	**oï**steurz	huîtres
pickled tongue	**pi**keuld teungh	langue en saumure
prawns	proonz	langoustines
salami	seu**læ**mi	salami
salmon	**sæ**meun	saumon
smoked salmon	smôôkt **sæ**meun	fumé
sardines	sââr**diinz**	sardines
shrimp	chrimp	crevettes
snails	snéilz	escargots
tuna	**toû**neu	thon

Salades

Très souvent, on sert la salade avant le plat principal ou avec celui-ci. Si vous commandez une salade verte, on vous demandera toujours quel assaisonnement (*dressing*–**drè**sing) vous désirez. Voici les plus courants:

French (**frèn**tch)	à base de mayonnaise, de tomates et de paprika
Italian (i**tæl**yeun)	huile, vinaigre et herbes
Thousand Island (**θaou**zeund **aï**leund)	mayonnaise, noix, œufs, sauce de piment, olives, poivron vert, oignons, persil
Roquefort (**rôôk**feurt)	avec du roquefort
Russian (**reu**cheun)	mayonnaise, pickles, tomates, câpres et poivrons

Il existe aussi des salades de légumes et de fruits en gelée ou des aspics au goût relevé.

Quelles salades avez-vous?	**What salads do you have?**	wat **sæ**leudz dou you hæv
Pouvez-vous me recommander une spécialité locale?	**Can you recommend a local specialty?**	kæn you rèkeu**mènd** eu **lôô**keul **spè**cheulti

chef's salad	chèfs **sæ**leud	salade du chef
cole slaw	kôôl sloo	salade de chou
cottage cheese salad	**ka**tidj tchiiz **sæ**leud	salade au fromage frais granulé
cucumber salad	**kyoû**keumbeur **sæ**leud	salade de concombres
fruit salad	froût **sæ**leud	macédoine de fruits
gelatin (Jell-o) salad	**djè**leuteun (**djè**lôô) **sæ**leud	aspic (en général végétarien)
green salad	ghriin **sæ**leud	salade verte
health-food salad	hèlθ foûd **sæ**leud	salade mêlée
julienne salad	djouli**èn** **sæ**leud	salade de légumes
mixed salad	mikst **sæ**leud	salade mêlée

RESTAURANT

Soupes

Voici quelques spécialités américaines:

chili con carne (**tchi**li kan **kâârni**)	Recette importée du Sud. Soupe ou ragoût épicé, aux flageolets rouges, avec bœuf haché, oignons, piment en poudre et autres condiments.
clam chowder (klæm **tchaou**deur)	Soupe aux palourdes. Les Bostoniens en font leurs délices.
vichyssoise (vichi**swââz**)	Un chef cuisinier français, qui avait peut-être le mal du pays, a créé cette version spéciale de soupe aux poireaux et aux pommes de terre. On la sert glacée, garnie de ciboulette.

J'aimerais un potage. Que me recommandez-vous?	**I'd like some soup. What do you recommend?**	aïd laïk seum soûp. wat dou you rèkeu**mènd**
(navy) bean soup	(**néi**vi) biin soûp	soupe aux haricots (noirs)
beef consommé	biif kanseu**méi**	consommé de bœuf
chicken consommé	**tchi**keun kanseu**méi**	consommé de volaille
chicken noodle soup	**tchi**keun **noû**deul soûp	consommé de volaille aux nouilles
conch chowder	kank **tchaou**deur	soupe de coquillages
crab soup	kræb soûp	soupe de crabes
crayfish bisque	**kréi**fich bisk	bisque d'écrevisses
cream of asparagus soup	kriim euv eus**pæ**reugheus soûp	crème d'asperges
cream of celery soup	kriim euv **sè**leuri soûp	crème de céleri
cream of mushroom soup	kriim euv **meuch**roûm soûp	crème de champignons
cream of potato soup	kriim euv peu**téi**tôôz soûp	crème de pommes de terre
French onion soup	frèntch **eun**yeun soûp	soupe aux oignons à la française
oxtail soup	**aks**téil soûp	oxtail
soup of the day	soûp euv ðeu déi	potage du jour
split-pea soup	**split**pii soûp	soupe aux pois
tomato soup	teu**méi**tôô soûp	potage à la tomate
turtle soup	**teûr**teul soûp	consommé à la tortue
vegetable beef soup	**vèdj**teubeul biif soûp	pot-au-feu

Remarque: Les restaurants chinois vous proposent un grand choix de soupes épicées.

Poissons et crustacés

J'aimerais du poisson.	**I'd like some fish.**	aïd laïk seum fich
Quels fruits de mer avez-vous?	**What kind of seafood do you have?**	wat kaïnd euv **sii**foûd dou you hæv

abalone	æbeu**lôô**ni	escargot de mer
bass	bæs	perche
sea bass	sii bæs	perche de mer
striped bass	straïpt bæs	perche à raies
carp	kâârp	carpe
catfish	**kæt**fich	poisson-chat
clams	klæmz	praires
cod	kad	morue
crab	kræb	crabe
crayfish, crawfish	**kréi**fich, **kroo**fich	langouste
eel	iil	anguille
fish croquettes	fich krôô**kèts**	croquettes de poisson
flounder	**flaoun**deur	flet
haddock	**hæ**deuk	aiglefin
halibut	**hæ**leubeut	flétan
herring	**hè**ring	hareng
lobster	**lab**steur	homard
mackerel	**mæ**kreul	maquereau
(red) mullet	(rèd) **meu**leut	rouget
oysters	**oï**steurz	huîtres
perch	peûrtch	perche
pike	païk	brochet
pompano	**pam**peunôô	poisson de la famille des perches
prawns	proonz	langoustines
red snapper	rèd **snæ**peur	poisson ressemblant au brochet
salmon	**sæ**meun	saumon
smoked salmon	smôôkt **sæ**meun	fumé
sardines	sââr**diinz**	sardines
scallops	**skæ**leups	coquilles Saint-Jacques
scampi	**skæm**pi	scampi
shrimp	chrimp	crevettes
smelt	smèlt	éperlan
sole	sôôl	sole
swordfish	**soord**fich	espadon
trout	traout	truite
tuna	**toû**neu	thon
turbot	**teûr**beut	turbot

Comment préférez-vous le poisson?

cru	**raw**	roo
cuit à la vapeur	**steamed**	stiimd
cuit au four	**baked**	béikt
frit	**fried**	fraïd
frit à point	**deep fried**	diip fraïd
fumé	**smoked**	smôôkt
grillé	**grilled**	ghrild
mariné	**marinated**	mæreunéiteud
en ragoût	**stewed**	stoûd

Spécialités aux fruits de mer

Les Etats-Unis, avec plus de 20.000 km de côtes, sont riches en poissons et en fruits de mer, que l'on peut trouver partout. Ne manquez pas de goûter le flétan, peu connu en Europe. Le thon est un butin précieux pour les pêcheurs du Pacifique. Les cartes sont émaillées de noms exotiques telles que *blue-point oysters, bay scallops, cherry-stone clams* et *dungeness crab.*

A l'intérieur du pays, les lacs, fort nombreux, les cours d'eau et les fleuves sont riches en poissons: poisson-chat du Missis-sipi, éperlan des Grands Lacs, perche à raies et truite des lacs de montagne et des cours d'eau.

Voici quelques spécialités:

cioppino (tcheupiinôô) Spécialité italienne de poisson et de fruits de mer, très populaire à San Francisco. A s'en lécher les doigts...

jambalaya (djæmbeulaïeu) Plat devenu si célèbre qu'on en a fait une chanson. C'est une soupe au jambon et aux crevettes, cuits avec de l'ail, des oignons, des tomates, du poivre vert, du vin et du riz.

Viande

Quelles viandes avez-vous?	**What kinds of meat do you have?**	wat kaïndz euv miit dou you hæv
J'aimerais du...	**I'd like some...**	aïd laïk seum
bœuf/porc veau/agneau	**beef/pork/ veal/lamb**	biif/poork/ viil/læm

bacon	**béi**keun	lard
beef sirloin tip roast	biif **seûr**loïn tip rôôst	contre-filet rôti à l'os
calf's brains/feet	kævs bréinz/fiit	cervelle/pieds de veau
chitlins	**tchit**leunz	andouilles
charcoal-broiled steak	**tchââr**kôôlbroïld stéik	steak grillé sur du charbon de bois
ham	hæm	jambon
baked/boiled	béikt/boïld	au four/bouilli
cured/smoked	kyoûrd/smôôkt	salé/fumé
hamburger steak	**hæm**beûrgheur stéik	bifteck haché
heart	hâârt	cœur
hot roast beef sandwich	hat rôôst biif **sænd**witch	sandwich de rosbif chaud
kidneys	**kid**niz	rognons
lamb	læm	agneau
breast/shoulder	brèst/**chôôl**deur	poitrine/épaule
leg/loin	lègh/loïn	gigot/carré
rack of lamb	ræk euv læm	carré
chop	tchap	côtelettes
liver	**li**veur	foie
meatballs	**miit**boolz	boulettes de viande
meat loaf	miit lôôf	pain de viande hachée cuit au four
mutton	**meu**teun	mouton
oxtail	**aks**téil	queue de bœuf
pork	poork	porc
chop/shoulder	tchap/**chôôl**deur	côtelette/épaule
pot roast	pat rôôst	daube
prime rib roast	praïm rib rôôst	côte de bœuf
sausage	**soo**sidj	saucisse
steak	stéik	bifteck
stew	stoû	ragoût
sweetbreads	**swiit**brèdz	ris de veau
tongue	teung	langue
tripe	traïp	tripes
veal	viil	veau
cutlet/shank	**keut**leut/chænk	côtelette/jarret

Comment aimez-vous la viande?

bouillie	**boiled**	boïld
braisée	**braised**	bréizd
à la broche	**barbecued**	**bââr**bikyoûd
cuite au four	**baked**	béikt
farcie	**stuffed**	steuft
frite	**fried**	fraïd
grillée	**grilled**	ghrild
en ragoût	**stewed**	stoûd
rôtie	**roasted**	**rôôs**teud
saignante	**rare**	rèr
à point	**medium**	**mii**dieum
bien cuite	**well-done**	**wèl**-deun

Plats de viande américains

Les Américains ont un faible pour le bœuf grillé. Certains restaurants – *steak houses* (stéik **haou**zeuz) – en font leur spécialité. La viande étant coupée différemment aux Etats-Unis, il est difficile d'établir des comparaisons avec les morceaux servis en Europe. Ces steaks portent les noms de *club, rib, Delmonico, T-bone, porterhouse* et *sirloin,* selon la partie de l'animal d'où ils proviennent. Le prix en indiquera généralement la qualité. Celle-ci est parfois signalée sur la carte par les mots *prime* ou *choice* (de premier choix), correspondant aux appréciations données par les inspecteurs gouvernementaux.

Quelques autres spécialités:

barbecued spare ribs (**bââr**bikyoûd spèeur ribz) — Côtes de porc découvertes, marinées dans une sauce tomate pimentée, cuites au four ou grillées.

London broil (**leun**deun broïl) — Bœuf grillé servi avec une sauce aux champignons de Paris.

swiss steak (swis stéik) — Tranches de bœuf au four, braisées dans une sauce aux oignons et aux tomates.

Virginia baked ham (veur**dji**nyeu béikt hæm) — Jambon tailladé et piqué de clous de girofle, de cerises et d'ananas, le tout arrosé d'une sauce aigre-douce.

RESTAURANT

Volaille et gibier

Quels sont vos plats de volaille?	**What poultry dishes do you serve?**	wat **pôô**ltri **di**cheuz dou you seûrv
J'aimerais du gibier.	**I'd like some game.**	aïd laïk seum ghéim

buffalo	**beu**feulôô	bison
capon	**kéi**peun	chapon
chicken	**tchi**keun	poulet
barbecued chicken	**bââr**bikyoûd **tchi**keun	à la broche
chicken livers	**tchi**keun **li**veurz	foie de poulet
chicken pie	**tchi**keun paï	pâté de poulet
chicken salad	**tchi**keun **sæ**leud	salade de poulet
deer	dieur	cerf
duck	deuk	canard
duckling	**deuk**ling	canardeau
elk	èlk	élan
goose	ghoûs	oie
guinea hen	**ghi**ni hèn	pintade
hare	hèr	lièvre
hot turkey sandwich	hat **teûr**ki **sænd**witch	sandwich à la dinde chaude
moose	moûs	orignal
pheasant	**fè**zeunt	faisan
quail	kwéil	caille
rabbit	**ræ**bit	lapin
squirrel	**skweû**reul	écureuil
turkey	**teû**rki	dinde
venison	**vè**neuseun	venaison

Spécialités de volaille

Southern fried chicken (**seu**ðeurn fraïd **tchi**keun)
Poulet croustillant, frit à point.

Long Island duckling (lang **aï**leund **deuk**ling)
Caneton, dont l'élevage se fait à New York. Goûtez-le rôti et braisé dans une sauce à l'orange.

Rock cornish hen (rak **koor**nich hèn)
Petit poulet de race croisée, élevé en Amérique pour le blanc, qui est abondant. C'est rôti qu'il est le meilleur.

turkey (**teû**rki)
Après le poulet, la dinde est la volaille la plus prisée aux Etats-Unis. On la consomme surtout entre le Thanksgiving Day et le Nouvel An.

Légumes

Quels légumes me recommandez-vous?	**What vegetables do you recommend?**	wat **vèdj**teubeulz dou you rèkeu**mènd**
Je préfère de la salade.	**I'd prefer some salad.**	aïd pri**feûr** seum **sæ**leud

artichoke	**ââr**titchôôk	artichaut
aubergine	obèr**jin**	aubergine
asparagus (tips)	eus**pæ**reugheus (tips)	asperges (pointes)
avocado	æveu**kââ**dôô	avocat
beans	biinz	haricots
butter beans	**beu**teur biinz	au beurre
green beans	ghriin biinz	verts
kidney beans	**kid**ni biinz	flageolets
lima beans	**laï**meu biinz	plats
wax beans	wæks biinz	blancs
beets	biits	betteraves
broccoli	**bra**keuli	brocoli
brussels sprouts	**breu**seulz spraouts	choux de Bruxelles
cabbage	**kæ**bidj	chou
carrots	**kæ**reuts	carottes
cauliflower	**koo**liflaueur	chou-fleur
celery	**sè**leuri	céleri
chestnuts	**tchès**neuts	châtaignes
cucumber	**kyoû**keumbeur	concombre
eggplant	**ègh**plænt	aubergine
endive	**èn**daïv	endive
green pepper	ghriin **pè**peur	poivron vert
Jerusalem artichoke	djè**roû**seuleum **ââr**ti**t**chôôk	topinambour
leeks	liiks	poireaux
lentils	**lèn**teulz	lentilles
lettuce	**lè**teus	laitue
mushrooms	**meuch**roûmz	champignons
okra	**ôô**kreu	gombo
onions	**eun**yeunz	oignons
paprika	peu**pri**keu	paprika
parsley	**pââr**sli	persil
peas	piiz	petits pois
potatoes	peu**téi**tôôz	pommes de terre
radishes	**ræ**dicheuz	radis
rice	raïs	riz
spuds	speudz	pommes de terre
squash	skwach	courge, courgette
sweet potatoes	swiit peu**téi**tôôz	patates (douces)
tomatoes	teu**méi**tôôz	tomates

turnips	teûrnips	navets
zucchini	zoukiini	courgettes

corn on the cob (koorn an ðeu kab) — l'épi de maïs est passé au beurre, salé et se mange avec les doigts

succotash (**seu**keutæch) — mélange de haricots plats et de maïs en grains; plat indien

On sert les légumes…

bouillis	**boiled**	boïld
coupés en dés	**diced**	daïst
à la crème	**creamed**	kriimd
farcis	**stuffed**	steuft
au four	**baked**	béikt
frits	**fried**	fraïd
grillés	**grilled**	ghrild
hachés	**chopped**	tchapt
marinés	**pickled**	**pi**keuld
en purée	**mashed**	mæcht
en ragoût	**stewed**	stoûd
rôtis	**roasted**	**rôô**steud

Fromages

Les repas américains ne comportent pas de «plateau de fromages». Presque toujours, le fromage entre comme ingrédient dans la préparation d'un mets.

Le fromage le plus courant ressemble au *gouda;* le *swiss cheese* – qui se rapproche de l'*emmental* ou du *gruyère* – est également très répandu. Le *cottage cheese* (fromage frais granulé) entre dans la composition des salades; le *cream cheese* (fromage double-crème) s'ajoute à d'autres ingrédients pour la confection d'entrées ou de desserts. Beaucoup de fromages européens connus sont importés ou imités et produits sur place.

Fruits

Avez-vous des fruits frais?	**Do you have any fresh fruit?**	dou you hæv **è**ni frèch froût
J'aimerais une salade de fruits frais.	**I'd like a fresh fruit cocktail.**	aïd laïk eu frèch froût **kak**téil
apple	**æ**peul	pomme
apricots	**æ**preukats	abricots
banana	beu**næ**neu	banane
blackberries	**blæk**bèriz	mûres
blueberries	**bloû**bèriz	myrtilles
cantaloupe	**kæn**teulôôp	cantaloup (melon)
cherries	**tchè**riz	cerises
chestnuts	**tchès**neuts	châtaignes
coconut	**kôô**keuneut	noix de coco
cranberries	**kræn**bèriz	canneberges
currants	**keû**reunts	raisins de Corinthe
dates	déits	dattes
figs	fighz	figues
gooseberries	**ghoûs**bèriz	groseilles
grapefruit	**ghréip**froût	pamplemousse
grapes	ghréips	raisins
honeydew melon	**heu**nidoû **mè**leun	melon vert
huckleberries	**heu**keulbèriz	myrtilles
melon	**mè**leun	melon
mulberries	**meul**bèriz	mûres
muskmelon	**meusk**mèleun	melon (cantaloup)
nectarine	nèkteu**riin**	brugnon
oranges	**a**reundjeuz	oranges
peaches	**pii**tcheuz	pêches
pear	pèr	poire
pineapple	**païn**æpeul	ananas
plums	pleumz	prunes
prunes	proûnz	pruneaux
quince	kwins	coing
raisins	**réi**zeunz	raisins secs
raspberries	**ræz**bèriz	framboises
red currants	rèd **keû**reunts	groseilles
rhubarb	**roû**bâârb	rhubarbe
ugly fruit	**eugh**li froût	croisement d'orange et de pamplemousse
strawberries	**stroo**bèriz	fraises
tangerines	tændjeu**riinz**	mandarines
watermelon	**woo**teurmèleun	pastèque

RESTAURANT

Desserts

Après avoir fait honneur à tous les plats, peut-être ajouterez-vous:

J'aimerais un dessert.	**I'd like a dessert, please.**	aïd laïk eu di**zeûrt** pliiz
Quelque chose de léger, je vous prie.	**Something light, please.**	**seum**θing laït pliiz
Juste une petite portion.	**Just a small portion.**	djeust eu smool **poor**cheun
Plus rien, merci.	**Nothing more, thanks.**	**neu**θing moor θænks

Si vous ne savez que commander, demandez au garçon:

Quels desserts avez-vous?	**What do you have for dessert?**	wat dou you hæv foor di**zeûrt**
Qu'est-ce que vous me recommandez?	**What do you recommend?**	wat dou you rèkeu**mènd**

Les Américains raffolent des tourtes, des gâteaux et des desserts à base de crème glacée. Les *pies* sont des tartes recouvertes d'une croûte. On sert le gâteau ou la tourte *à la mode* avec une coupe de glace à la vanille.

Nous vous recommandons les desserts suivants:

angel-food cake (**ein**djeulfoûd kéik)	Gâteau spongieux, à base de blancs d'œufs.
apple pie (**æ**peul paï)	Tarte aux pommes. Très populaire. Mangée nature, *à la mode,* ou recouverte d'une tranche de fromage.
Boston cream pie (**bos**teun kriim paï)	Gâteau au chocolat, fourré à la crème pâtissière et glacé au chocolat.
brownie (**braou**ni)	Gâteau très nourrissant, au chocolat et aux noix.
cheese cake (tchiiz kéik)	Dessert nourrissant, crémeux, sucré, à base de fromage à la crème. Ne vous amusez pas à en compter les calories!
fudge (feudj)	Gâteau au chocolat truffé. Tout à fait contre-indiqué pour ceux qui surveillent leur ligne!

Indian pudding (indieun **pou**ding)	Les habitants de la Nouvelle-Angleterre aiment ce mélange de mélasse, de farine de maïs et d'épices.
Jell-o (djèlôô)	C'est le nom que porte une gelée nappée de crème fraîche ou fouettée qui contient parfois de petits morceaux de fruits.
orange cake (areundj kéik)	Gâteau à l'orange. Une spécialité de Floride.
pudding (pouding)	Flan
pumpkin pie (**peum**keun paï)	Tarte au potiron
soda (**sôô**deu)	Boisson à base de soda et de crème glacée, à laquelle on ajoute un parfum. Le tout recouvert de crème, de noix et d'une cerise.
Southern pecan pie (**seu**ðeurn pi**kæn** paï)	Les pacanes (genre de noix), récoltées en Georgie, forment l'essentiel de cette célèbre tourte.
strawberry shortcake (**stroo**bèri **choort**kéik)	Tranches de gâteau ou genre de pain garni de fraises coupées et recouvert de crème fouettée.
sundae (**seun**di)	Coupe glacée.

N'oubliez pas la glace (*ice-cream*–**aïs**kriim). Il y a de nombreux parfums:

butter pecan	**beu**teur pi**kæn**	pacane
chocolate	**tchak**leut	chocolat
chocolate chip	**tchak**leut tchip	paillettes de chocolat
coffee	**ko**fi	café
lemon	**lè**meun	citron
orange	areundj	orange
pistachio	peus**tæ**chôô	pistache
spumoni	spou**môô**ni	cassate
strawberry	**stroo**bèri	fraise
tortoni	tor**tôô**ni	coupe aux amandes
tutti-frutti	**tou**ti-**frou**ti	tutti-frutti
vanilla	veu**ni**leu	vanille

Nous voici arrivés au bout de la carte. Les vins et les boissons figurent aux pages suivantes. Mais après la fête, vient…

L'addition

J'aimerais payer.	**I'd like to pay.**	aïd laïk tou péi
L'addition, s'il vous plaît.	**May I please have the check?**	méi aï pliiz hæv ðeu tchèk
Nous aimerions payer chacun notre part.	**We'd like to pay separately.**	wiid laïk tou péi **sè**preutli
Vous avez commis une erreur dans l'addition, je crois.	**You made a mistake in this bill, I think.**	you méid eu mis**téik** in ðis bil aï θink
A quoi correspond ce montant?	**What's this amount for?**	wats ðis eu**maount** foor
Les taxes sont-elles comprises?	**Is tax included?**	iz tæks in**kloû**deud
Le couvert est-il compris?	**Is the cover charge included?**	iz ðeu **keu**veur tchâârdj in**kloû**deud
Est-ce que tout est compris?	**Is everything included?**	iz **è**vriθing in**kloû**deud
Acceptez-vous les chèques de voyage?	**Do you accept traveler's checks?**	dou you euk**sèpt træv**leurz tchèks
Merci, voici pour vous.	**Thank you, this is for you.**	θænk you ðis iz foor you
Gardez la monnaie.	**Keep the change.**	kiip ðeu tchéindj
C'était un très bon repas.	**That was a very good meal.**	ðæt weuz eu **vè**ri ghoud miil
Nous nous sommes régalés, merci.	**We enjoyed it, thank you.**	wi in**djoïd** it θænk you.

Réclamations

Mais peut-être avez-vous une réclamation à formuler:

La nourriture est froide.	**The food is cold.**	ðeu foûd iz kôôld
Ce n'est pas frais.	**This isn't fresh.**	ðis **i**zeunt frèch
Pourquoi me/nous faites-vous attendre si longtemps?	**What's taking you so long?**	wats **téi**king you sôô long
Ce n'est pas ce que j'ai commandé. J'ai demandé...	**That's not what I ordered. I asked for...**	ðæts nat wat aï **oor**deurd. aï æskt foor

Pouvez-vous m'apporter autre chose?	**May I change this?**	méi aï tchéindj ðis
La viande est...	**The meat is...**	ðeu miit iz
trop cuite pas assez cuite trop saignante trop dure	**overdone** **underdone** **too rare** **too tough**	ôôveur**deun** eunder**deun** toû rèr toû teuf
C'est trop...	**This is too...**	ðis iz toû
amer/salé/sucré	**bitter/salty/sweet**	**bi**teur/**sool**ti/sw**i**it
Vous avez oublié de nous apporter les boissons.	**Where are our drinks?**	wèeur ââr aour drinks
Ce n'est pas propre.	**This isn't clean.**	ðis izeunt kliin
Envoyez-nous le maître d'hôtel, s'il vous plaît.	**Would you ask the head waiter to come over?**	woud you æsk ðeu hèd **wéi**teur teu keum **ôô**veur

Boissons

Bière

En général, la bière américaine vous paraîtra plus légère que celle à laquelle vous êtes habitué; on la sert toujours glacée. Dans certaines tavernes, on peut boire les grandes bières européennes. Parmi les bonnes marques américaines. citons la *Budweiser* et la *Schlitz*.

J'aimerais une bière, s'il vous plaît.	**I'd like a beer, please.**	aïd laïk eu bieur pliiz

Vins

Aux repas, les Américains boivent de la bière, un cocktail ou un whisky soda, mais rarement du vin. Dans les bons restaurants, on peut commander des vins du pays et de l'étranger. A la maison les Américains prennent de plus en plus l'habitude de boire du vin aux repas. Un bon conseil: ne commandez du vin que dans les bons restaurants.

Beaucoup de restaurants ne disposent que d'une choix limité en matière de vins. Mais il faut s'attendre à les payer cher.

Pourquoi ne pas goûter le vin américain? Il est très peu connu hors des frontières des Etats-Unis. On le produit dans plusieurs Etats, mais celui de Californie est le meilleur. Les vins fins portent, selon la variété du raisin, le nom du producteur: Beaulieu, Charles Krug ou Paul Masson.

Très souvent, le vin est servi frappé. Si vous le préférez chambré, il faut le préciser.

J'aimerais...de...	**I'd like...of...**	aïd laïk...euv
une bouteille une demi-bouteille un verre	**a bottle half a bottle a glass**	eu **ba**teul hæf eu **ba**teul eu ghlæs
Avez-vous du vin de Californie?	**Do you have California wine?**	dou you hæv kæleu**foor**nyeu waïn
J'aimerais quelque chose de...	**I'd like something...**	aïd laïk **seum**θing
doux/pétillant/sec	**sweet/sparkling/dry**	swiit/**spââr**kling/draï
Je voudrais une bouteille de vin blanc/vin rouge.	**I want a bottle of white wine/ red wine.**	aï want eu **ba**teul euv waït waïn/rèd waïn
Je n'aimerais pas quelque chose de trop doux.	**I don't want anything too sweet.**	aï dôônt want **è**niθing toû swiit
Je l'aimerais chambré.	**I'd like an unchilled bottle.**	aïd laïk eun **eun**tchild **ba**teul
C'est trop cher.	**That's too expensive.**	ðæts toû iks**pèn**siv
N'avez-vous rien de meilleur marché?	**Haven't you anything cheaper?**	**hæ**veunt you **è**niθing **tchii**peur

chambré	**at room temperature**	æt roûm **tèm**preucheur
glacé	**chilled**	tchild

blanc	**white**	waït
doux	**sweet**	swiit
rosé	**rosé**	**rôôzéi**
rouge	**red**	rèd
sec	**dry**	draï
pétillant	**sparkling**	**spâârk**ling

Si vous avez aimé le vin, vous pouvez dire:

Apportez-moi un/une autre...	**Please bring me another...**	pliiz bring mi eu**neu**ðeur
verre/bouteille	**glass/bottle**	ghlæs/**ba**teul
Quel est ce vin?	**What's this wine called?**	wats ðis waïn koold
D'où vient ce vin?	**Where does this wine come from?**	wèeur deuz ðis waïn keum freum

Autres boissons alcoolisées

Les Américains tiennent autant à leur *cocktail* (**kak**téil) ou *highball* (**haï**bool) préféré que les Français à leur apéritif.

Un cocktail est un mélange de plusieurs boissons alcoolisées (*manhattan* et *martini* par exemple). Quant au high ball, c'est un mélange d'alcool et de boisson gazéifiée, comme le *gin and tonic* ou le *whisky soda*.

On les sert tous deux glacés. Si vous ne les aimez pas trop froids, ne manquez pas de spécifier: *no ice* (nôô aïs–pas de glaçons).

Si vous demandez un *martini,* on vous servira, à votre surprise, un cocktail de gin et de vermouth sec. C'est une boisson plus puissante que le vermouth doux servi en Europe sous le même nom.

Les *cocktails* et les *highballs* se prennent avant les repas, mais certains Américains les boivent tout en mangeant. Attention! un cocktail suffira à vous mettre d'humeur guillerette.

Dans les grandes villes, surtout dans les centres d'affaires, on trouve d'agréables cocktail lounges. De 17 à 19 h., c'est la *cocktail* ou *happy hour*, où l'on vous sert à prix réduits (le rabais pouvant aller jusqu'à 50 %).

Voici quelques cocktails parmi les plus appréciés:

bloody Mary (**bleu**di **mè**ri)	Vodka, jus de tomate; certains de ses adeptes prétendent que c'est un bon remède contre la «gueule de bois».
daiquiri (**dæ**keuri)	Rhum léger, jus de lime, sucre: une «boisson pour dames».
gin 'n' tonic (djin eun **ta**nik)	Gin, Schweppes, lime.
manhattan (mæn**hæ**teun)	Vermouth doux, whisky de maïs, plusieurs bitters, gin, vermouth sec.
ol'fashioned (ôôl**fæ**cheund)	Whisky de maïs, eau gazeuse, sucre, bitters, tranche d'orange, cerise.
rum coke (reum kôôk)	Cola et rhum.

Whiskey. Le whisky américain est plus doux et a plus de corps que le whisky irlandais ou écossais. D'ailleurs, on peut obtenir ces derniers dans la plupart des bars. Le plus connu en Amérique est le *Bourbon* (whisky de maïs) du comté de Bourbon, Kentucky.

Le whisky mélangé (*blended whiskey*) est fait de plusieurs céréales. On a dit à tort qu'on le tirait du seigle (*rye*), mais le vrai whisky de seigle est plus fort et il en a réellement le goût.

Bien qu'ayant leur whisky national, les Américains aiment beaucoup le *Scotch* (skatch), que l'on boit sec (*straight*–stréit), avec des glaçons (*on the rocks*–an ðeu raks), à l'eau ou au soda. Les véritables amateurs ne mélangent jamais le whisky si ce n'est avec du soda.

Un conseil: si vous désirez un whisky bien précis, appelez-le par son nom. Par exemple, pour le scotch:

Un J & B avec des glaçons, s.v.p.	**A J & B on the rocks, please.**	eu djéi eun bii an the raks pliiz

RESTAURANT

cognac	**cognac**	**kon**yæk
eau-de-vie	**brandy**	**bræn**di
gin	**gin**	djin
liqueur	**cordial**	**koor**djeul
porto	**port**	poort
rhum	**rum**	reum
vermouth	**vermouth**	veur**moûθ**
vodka	**vodka**	**vad**keu
whisky	**whiskey**	**wis**ki
xérès	**sherry**	**chè**ri

verre	**glass**	ghlæs
bouteille	**bottle**	**ba**teul
sec	**straight**	stréit
avec des glaçons	**on the rocks**	an ðeu raks
simple	**a shot**	eu chat
double	**a double shot**	eu **deu**beul chat

J'aimerais un scotch à l'eau.	**I'll have a Scotch and water, please.**	aïl hæv eu skatch ænd **woo**teur pliiz
Y a-t-il des spécialités locales?	**Are there any local specialities?**	ââr ðèeur **è**ni **lôô**keul **spè**cheultiz
Apportez-moi un *stinger**, je vous prie.	**Please bring me a stinger.**	pliiz bring mi eu **stin**geur

BOTTOMS UP!
(bateumz eup)
SANTÉ!

Autres boissons

Le café est sans doute moins fort que dans votre pays, mais en général il est assez bon. Les Américains le boivent à n'importe quelle heure, aux repas ou hors des repas. Le café et le thé glacés sont très appréciés en été.

Dans les restaurants étrangers et les cafés à l'européenne, on sert quelquefois du moka, des *espressos* ou du café turc. Ne manquez pas de goûter le *café brûlot* à la Nouvelle-

* eau-de-vie et crème de menthe blanche

Orléans. C'est du café noir flambé à l'eau-de-vie et servi avec des clous de girofle, de la cannelle, des zestes de citron et du sucre.

En règle générale, dans les petits restaurants, il est bon de préciser si vous voulez votre café sans crème, le garçon l'apportant tout prêt. Si vous désirez une double portion de crème, dites *white coffee, please* (waït **ka**fi pliiz) ou, dans le Midwest *Boston coffee* (**bos**teun **ka**fi).

Par politesse, on ne laisse pas au client le temps de vider sa tasse. Il arrive donc que la serveuse passe pour remplir les tasses à moitié vides... sans supplément.

J'aimerais...	**I'd like...**	aïd laïk
Avez-vous... ?	**Have you any... ?**	hæv you **è**ni
une boisson au gingembre	**ginger ale**	**djin**djeur éil
du café	**coffee**	**ka**fi
un café crème	**coffee with cream**	**ka**fi wið kriim
un café glacé	**iced coffee**	aïst **ka**fi
un espresso	**espresso coffee**	è**sprè**sôô **ka**fi
une tasse de café	**cup of coffee**	keup euv **ka**fi
du chocolat	**chocolate**	**tchak**leut
du cola	**cola**	**kôô**leu
régime	**diet cola**	daïeut **kôô**leu
de l'eau gazeuse	**soda water**	**sôô**deu **woo**teur
minérale	**mineral water**	**min**reul **woo**teur
un frappé	**milkshake**	**milk**chéik
un jus de fruit	**fruit juice**	froût djoûs
ananas/citron	**pineapple/lemon**	**paï**næpeul/**lè**meun
orange/tomate	**orange/tomato**	areundj/teu**méi**tôô
pamplemousse	**grapefruit**	**ghréip**froût
du lait	**milk**	milk
une limonade	**lemonade/soda pop**	lèmeu**néid**/**sôô**deu pap
(sorte de) limonade à base de racines	**rootbeer**	**roût**bieur
une orangeade	**orangeade**	areun**djéid**
du thé	**tea**	tii
crème/citron	**with milk/lemon**	wið milk/**lè**meun
glacé	**iced tea**	aïst tii
du tonique	**tonic water**	**tanik** **woo**teur

RESTAURANT

Repas légers

Les sandwiches font des repas savoureux et nourrissants. Généralement, on les prépare avec du pain de mie assez fade, mais on peut demander du pain de seigle (*rye bread*), de blé complet (*whole wheat*), etc. On les mange à la main.

Attention! Les sandwiches chauds tels que ceux de rôti de bœuf et de dinde (*hot turkey*–hat **teûr**ki), sont différents. Des tranches de pain sont disposées sur une assiette, garnies, puis recouvertes de sauce et servies avec des pommes purée.

L'humble cacahuète est un élément important de l'alimentation américaine. On en tartine volontiers les sandwiches sous forme de purée, appelée beurre de cacahuète (*peanut butter*–**pii**neut **beu**teur). Vous trouverez le *corned beef* (koornd biif–salaison de bœuf, servie chaud) et le *hot pastrami* (hat peu**strââ**mi–bœuf fumé, très relevé, servi également chaud) chez le traiteur *(delicatessen)*.

Donnez-moi un de ceux-là, je vous prie.	**I'll have one of those, please.**	aïl næv wan euv ðôôz pliiz
à gauche/à droite	**to the left/to the right**	tou ðeu lèft/tou ðeu raït
en haut/en bas	**above/below**	a**beuv**/bi**lôô**
Donnez-moi..., s'il vous plaît.	**Please give me...**	pliiz ghiv mi
des biscuits	**some cookies**	seum **kou**kiz
des bonbons	**some candy**	seum **kæ**ndi
une plaque de chocolat	**a chocolate bar**	eu **tchak**leut bâar
du gâteau	**some cake**	seum kéik
de la glace	**some ice-cream**	seum **aïs**kriim
du pain	**some bread**	seum brèd
des petits pains	**some rolls**	seum rôôls
petits pains sucrés	**Danish pastries/ sweet rolls**	**déi**nich **péis**triz/ swiit rôôlz
une tarte	**some pie**	seum paï
une salade	**some salad**	seum **sæ**leud
un sandwich géant	**a submarine sandwich**	eu **seub**meuriin **sænd**witch

Excursions aux Etats-Unis

En avion

C'est le moyen le plus rapide et le plus efficace pour se déplacer à travers les Etats-Unis, à des prix nettement inférieurs à ceux pratiqués en Europe.

Y a-t-il un vol pour Saint-Louis?	**Is there a flight to St. Louis?**	iz ðèeur eu flaït tou séint **loûeus**
Est-ce que le vol est direct?	**Is it a nonstop flight?**	iz it eu **nan**stap flaït
A quelle heure part le prochain avion pour Chicago?	**When's the next plane to Chicago?**	wènz ðeu nèkst pléin tou chi**kââ**ghôô
Dois-je changer d'avion?	**Do I have to change planes?**	dou aï hæv tou tchéindj pléinz
Puis-je avoir une correspondance pour Salt Lake City?	**Can I make a connection to Salt Lake City?**	kæn aï méik eu keu**nèk**cheun tou **soolt** léik **si**ti
J'aimerais un billet pour New York.	**I'd like a ticket to New York.**	aïd laïk eu **ti**keut tou noû **yoork**
Combien coûte le billet pour Los Angeles?	**What's the fare to Los Angeles?**	wats ðeu fèeur tou los **æn**djeuleus
simple aller et retour	**one-way** **roundtrip**	weun wéi **raound**trip
Y a-t-il des tarifs spéciaux?	**Are there any special fares?**	ââr ðèeur èni **spè**cheul fèeurz
A quelle heure l'avion décolle-t-il?	**What time does the plane take off?**	wat taïm deuz ðeu pléin téik oof
A quelle heure faut-il me présenter à l'enregistrement?	**What time do I have to check in?**	wat taïm dou aï hæv tou tchèk in
Y a-t-il un bus pour l'aéroport?	**Is there an airport-bus?**	iz ðèeur eun **è**rport-beus
Quel est le numéro du vol?	**What's the flight number?**	wats ðeu flaït **neum**beur
A quelle heure arrivons-nous?	**What time do we arrive?**	wat taïm dou wi eu**raïv**

POUR LES HORAIRES, voir page 72

Je voudrais ... ma réservation.	**I'd like to ... my reservation.**	aïd laïk tou ... maï rèzeur**véi**cheun
annuler	**cancel**	**kæn**seul
changer	**change**	tschéindj
confirmer	**confirm**	kan**feurm**
Combien de temps le billet est-il valable?	**How long is the ticket valid?**	haou long iz ðeu **ti**keut **væ**lid

ARRIVAL ARRIVÉE	DEPARTURE DÉPART	FASTEN SEAT BELTS ATTACHEZ VOS CEINTURES

En train

Près de 500 villes sont reliées quotidiennement par Amtrak, la compagnie de transport ferroviaire. Amtrak (America's National Railroad Passenger Corporation) propose régulièrement des tarifs promotionnels, y compris des forfaits «excursion» et «famille». La carte *U.S.A. Railpass,* l'équivalent de *l'Eurailpass,* ne peut être achetée qu'à l'étranger; mais de nombreux voyages forfaitaires sont organisés sur place.

En autocar

Les deux principales compagnies, Greyhound Lines et Trailways U.S.A., assurent la desserte de toutes les villes américaines. Les passagers peuvent faire autant d'étapes qu'ils le désirent, jusqu'à expiration du billet. Les deux compagnies proposent des tarifs spéciaux pour une circulation illimitée à certaines périodes. Ces billets avantageux doivent être achetés hors des Etats-Unis.

Les zones qui ne sont pas desservies par Greyhound ou Trailways le sont en général par des compagnies locales.

La plupart des autocars pour longues distances sont climatisés. Ils sont aussi pourvus de toilettes et de lavabos.

La gare

Les phrases des pages suivantes s'appliquent également aux voyages en car.

Où est la gare de chemin de fer.../ routière...?	**Where's the... railroad/bus station?**	wèeurz ðeu... **réil**rôôd/ beus **stéi**cheun
Taxi, s'il vous plaît.	**Cab, please!**	kæb pliiz
Conduisez-moi à la gare de chemin de fer.../routière...	**Take me to the... railroad/bus station.**	téik mi tou ðeu... **réil**rôôd/beus **stéi**cheun
Quel est le tarif?	**What's the fare?**	wats ðeu fèeur

ENTRANCE	ENTRÉE
EXIT	SORTIE
TO THE TRACKS	QUAIS

Où est/sont...?	**Where is/are the...?**	wèeur iz/ââr ðeu
bar	**bar**	bââr
billets	**ticket office**	**ti**keut **o**feus
bureau de renseignements	**information desk**	infeur**méi**cheun dèsk
bureau des objets trouvés	**lost and found office**	lost ænd faound **o**feus
bureau de réservation	**reservations desk**	rèzeur**véi**cheunz dèsk
cafeteria	**coffee shop**	**ka**fi chap
coiffeur	**barber shop**	**bââr**beur chap
consigne	**baggage check**	**bæ**ghidj tchèk
consigne automatique	**luggage lockers**	**leu**ghidj **la**keurz
kiosque à journaux	**newsstand**	**noûz**stænd
quai 7	**track 7**	træk **sè**veun
restaurant	**restaurant**	**rès**teureunt
salle d'attente	**waiting room**	**wéi**ting roum
Où sont les toilettes pour messieurs/ dames?	**Where's the men's room/powder room?**	wèeurz ðeu mènz roum/**paou**deur roum

Remarque: On ne donne pas de pourboire aux conducteurs d'autobus – même s'ils chargent et déchargent les bagages.

POUR LES TAXIS, voir page 27

Renseignements

Pour tout renseignement sur les horaires et les réservations, appelez le (800) USA-RAIL (ou, en chiffres, 872-7245; communication gratuite).

A quelle heure part le train... pour Miami?	**When is the... train to Miami?**	wèn iz ðeu... tréin tou maïæmi
premier/dernier/ prochain	**first/last/next**	feûrst/læst/nèkst
A quelle heure part le train pour Denver?	**What time does the train for Denver leave?**	wat taïm deuz ðeu tréin foor **dèn**veur liiv
Combien coûte le billet pour Boston?	**What's the fare to Boston?**	wats ðeu fèeur tou **bos**teun
Est-ce un train direct?	**Is it a through train?**	iz it eu θroû tréin
A quelle heure le train arrive-t-il à Philadelphia?	**What time does the train arrive in Philadelphia?**	wat taïm deuz ðeu tréin eu**raïv** in fileu**dèl**fyeu
Y a-t-il un wagon-restaurant?	**Is there a dining car on the train?**	iz ðèeur eu **daï**ning kââr an ðeu tréin
Y a-t-il un wagon-lit?	**Is there a Pullman car on the train?**	iz ðèeur eu **poul**meun kââr an ðeu tréin
Le train s'arrête-t-il à Annapolis?	**Does the train stop at Annapolis?**	deuz ðeu tréin stap æt eu**næ**peulis
De quel quai par le train pour Milwaukee?	**What track does the train for Milwaukee leave on?**	wat træk deuz ðeu tréin foor mil**woo**ki liiv an
A quel quai arrive le train de Seattle?	**What track does the train from Seattle arrive on?**	wat træk deuz ðeu tréin freum si**æ**teul eu**raïv** an
D'où part l'autobus pour Minneapolis?	**What ramp does the bus for Minneapolis leave from?**	wat ræmp deuz ðeu beus foor mini**æ**peuleus liiv freum

Remarque: Si vous avez l'intention de voyager de nuit, en couchette ou en wagon-lit, pensez à établir votre réservation longtemps à l'avance.

It's a through train.	C'est un train direct.
You have to change at...	Il faut changer à...
Change at... and get a local train.	Changez à... et prenez un omnibus.
Track... is...	Le quai... est...
over there/upstairs on the left/on the right	là-bas/en haut des escaliers à gauche/à droite
There's a train to... at...	Il y a un train pour... à...
Your train will leave from track...	Votre train part du quai...
There'll be a delay of... minutes.	Le train est annoncé avec un retard de... minutes.

Billets

J'aimerais un billet pour Baton Rouge (en wagon-lit).	**I want a (Pullman) ticket to Baton Rouge.**	aï want eu (**poul**meun) **ti**keut tou **bæ**teun roûj
simple aller et retour	**one-way** **roundtrip**	weun wéi **raound**trip
N'est-ce pas demi-tarif pour le garçon/la fille?	**Isn't it half price for the boy/girl.**	izeunt it hæf praïs foor ðeu boï/gheûrl
Il a/Elle a 13 ans.	**He's/She's 13.**	hiiz/chiiz 13

Coach or Pullman?	Place assise ou wagon-lit?
One-way or roundtrip?	Simple ou aller et retour?
How old is he/she?	Quel âge a-t-il/a-t-elle?

Remarque: En principe, les enfants de moins de cinq ans ne paient pas leur place.

Attention au départ...

Est-ce bien le quai du train pour Minneapolis?	**Is this the right track for the train to Minneapolis?**	iz ðis ðeu raït træk foor ðeu tréin tou miniæpeuleus
Est-ce bien le train pour Dallas?	**Is this the right train to Dallas?**	iz ðis ðeu raït tréin tou **dæ**leus
Pardon. Puis-je passer?	**Excuse me. May I get by?**	iks**kyoûz** mi. méi aï ghèt baï
Cette place est-elle réservée?	**Is this seat taken?**	iz ðis siit **téi**keun

NO SMOKING
NON FUMEURS

C'est ma place, je crois.	**I think that's my seat.**	aï θink ðæts maï siit
Pouvez-vous me faire signe lorsque nous arriverons à Detroit?	**Would you let me know before we get to Detroit?**	woud you lèt mi nôô bi**foor** wi ghèt tou di**troït**
Comment s'appelle cette gare?	**What station is this ?**	wat **stéi**cheun iz ðis
Combien de temps le train s'arrête-t-il ici?	**How long does the train stop here?**	haou long deuz ðeu tréin stap hieur
A quelle heure arriverons-nous à Des Moines?	**When do we get to Des Moines?**	wèn dou wi ghèt tou dimoïn

Pendant le trajet, le contrôleur passera et dira:

Tous les billets, s'il vous plaît?	**Tickets, please!**	tikeuts pliiz

Repas

Souvent, les trains couvrant de petites distances ont un bar, où l'on peut acheter des boissons et des repas légers. Ceux à longue distance ont un *diner* ou *dining car* (wagon-restaurant).

EXCURSIONS

Dîner – premier/ deuxième service.	**First/Second call for dinner.**	feûrst/**sè**keund kool foor **di**neur
Où est le wagon-restaurant?	**Where's the dining car?**	wèeurz ðeu **daï**ning kââr

Les autocars s'arrêtent près des restaurants bon marché situés au bord de la route. On peut y prendre un casse-croûte ou un vrai repas. Sur certains trajets, une hôtesse passe auprès des voyageurs pour leur proposer des rafraîchissements.

En wagon-lit

Y a-t-il des compartiments libres dans le wagon-lits?	**Are there any free compartments in the Pullman car?**	ââr ðèeur **è**ni frii keum**pâârt**meunts in ðeu **poul**meun kââr
Où est ma couchette?	**Where's my berth?**	wèeurz maï beûrθ
Les compartiments 18 et 19, je vous prie.	**Compartments 18 and 19, please.**	keum**pâârt**meunts 18 ænd 19 pliiz
J'aimerais une couchette en bas.	**I'd like a lower berth.**	aïd laïk eu **lôô**eur beûrθ
Pourriez-vous préparer nos couchettes?	**Would you make up our berths?**	woud you méik eup **aou**eur beûrθs
Réveillez-moi à 7 heures, je vous prie.	**Would you call me at 7 o'clock ?**	woud you kool mi æt 7 eu**klak**
Apportez-moi une tasse de café demain matin, je vous prie.	**Would you bring me some coffee in the morning?**	woud you bring mi seum **ka**fi in ðeu **moor**ning

Bagages et porteurs

Pouvez-vous me porter mes valises?	**Can you help me with my bags?**	kæn you hèlp mi wið maï bæghz
Posez-les ici, je vous prie.	**Please put them down here.**	pliiz pout ðeum daoun hieur

POUR LE PORTEUR, voir aussi page 24

Objets trouvés

Espérons que pendant votre voyage vous n'aurez pas besoin des phrases que voici, mais sait-on jamais...

Où est le bureau des objets trouvés?	**Where's the lost-and-found office?**	wèeurz ðeu lost ænd faound **o**feus
J'ai perdu mon/ma/mes...	**I've lost my...**	aïv lost maï
ce matin	**this morning**	ðis **moor**ning
hier	**yesterday**	**yès**teurdi
Je l'ai perdu dans...	**I lost it in...**	aï lost it in
C'est un objet de valeur.	**It's very valuable.**	its **vè**ri **væl**yeubeul

Horaires

Si vous voulez voyager souvent en avion ou en train, il serait bon de vous procurer un horaire. On peut en obtenir gratuitement à un bureau de l'Amtrak ou auprès d'une compagnie d'autocars. Ces horaires sont établis selon le système anglo-saxon, c'est-à-dire que les heures vont de 0 à 12, celles du matin étant en caractères maigres, celles de l'après-midi et du soir en gras.

J'aimerais un horaire.	**I'd like a timetable.**	aïd laïk eu **taïm**téibeul

Métro - Train aérien («L»)

Où est la station de métro/«L» la plus proche?	**Where's the nearest subway/«L» station?**	wèeurz ðeu **nieu**reust **seub**wéi/èl **stéi**cheun
Ce métro/«L» va-t-il à...?	**Does this subway/«L» go to...?**	deuz ðis **seub**wéi/èl ghôô tou
Où dois-je changer pour...?	**Where do I transfer for...?**	wèeur dou aï **træns**feûr foor
Est-ce que le prochain arrêt est bien...?	**Is the next station...?**	iz ðeu nèkst **stéi**cheun

Bus - Tram

Avant de monter dans un bus ou un tram, préparez le montant du billet. Pour avoir accès au métro ou trains aériens, il faut payer au guichet, puis passer par un portillon. Il est possible d'acheter plusieurs jetons *(tokens)* à prix réduit. On les introduit directement dans une fente de l'automate, à moins qu'on ne les remette à l'employé. Les prix et le mode de paiement varient d'une ville à l'autre. Il faut vous renseigner ou observer les autres usagers.

J'aimerais des jetons.	**I'd like some tokens.**	aïd laïk seum **tôô**keunz
Où puis-je prendre un bus pour le Metropolitan Museum?	**Where can I get a bus to the Metropolitan Museum?**	wèeur kæn aï ghèt eu beus tou ðeu mètreu**pa**leuteun myou**zii**eum
Quel bus va au monument de Washington?	**What bus do I take for the Washington Monument?**	wat beus dou aï téik foor ðeu **wa**chingteun **ma**nyeumeunt
Où est la/l'... ?	**Where's the... ?**	wèurz ðeu
gare routière arrêt du bus	**bus station** **bus stop**	beus **stéi**cheun beus stap
A quelle heure part le... bus pour le jardin zoologique?	**When is the... bus to the zoo?**	wèn iz ðeu... beus tou ðeu zoû
premier/dernier/prochain	**first/last/next**	feûrst/læst/nèkst
Quelle est la fréquence des bus pour Berkeley?	**How often do the buses to Berkeley run?**	haou **oo**feun dou ðeu **beu**seuz tou **beûr**kli reun
Combien coûte le billet pour... ?	**How much is the fare to... ?**	haou meutch iz ðeu fèeur tou
Faut-il changer de bus?	**Do I have to transfer buses?**	dou aï hæv tou **træns**feûr **beu**seuz
Combien de temps dure la course?	**How long does the trip take?**	haou long deuz ðeu trip téik
Pouvez-vous me dire quand je dois descendre?	**Will you tell me when to get off?**	wil you tèl mi wèn tou ghèt oof

EXCURSIONS

Je veux descendre au boulevard d'Hollywood.	**I want to get off at Hollywood Boulevard.**	aï want tou ghèt oof æt **ha**liwoud **bou**leuvâârd
Déposez-moi au prochain arrêt, je vous prie.	**Please let me off at the next stop.**	pliiz lèt mi oof æt ðeu nèkst stap

BUS STOP	ARRÊT DU BUS
STOPS ON REQUEST	ARRÊTS FACULTATIFS

Bateaux, cargos

Si vous aimez l'aventure et que vous ayez du temps à disposition, renseignez-vous sur les mouvements des cargos et des vapeurs sur la voie maritime du Saint-Laurent. Près de cinquante lignes assurent régulièrement la liaison entre l'Atlantique et les ports des Grands Lacs, jusqu'à Chicago, sauf en hiver où les lacs sont en grande partie gelés.

L'élégant *Delta Queen,* le dernier vapeur à aubes à fendre les eaux tumultueuses du Mississipi, fait escale dans plus de cent dix ports fluviaux, situés dans dix-sept Etats.

Vous pouvez aussi essayer un autre moyen de transport...

aéroglisseur	**hovercraft**	**heu**veurkræft
auto-stop	**hitchhiking**	**hitch**haïking
bateau	**boat**	bôôt
bateau à moteur	**motorboat**	**môô**teurbôôt
bateau à rames	**rowboat**	**rôô**bôôt
bateau à voiles	**sailboat**	**séil**bôôt
bicyclette	**bicycle**	**baï**seukeul
cheval	**horseback riding**	**hoors**bæk **raï**ding
hélicoptère	**helicopter**	**hè**likapteur
motocyclette	**motorcycle**	**môô**teursaïkeul
péniche	**houseboat**	**haous**bôôt
vélomoteur	**motor-bike**	**môô**teurbaïk

et si vous êtes en panne...

marchez	**go walking**	ghôô **woo**king

Visites touristiques

Dans ce chapitre, nous traiterons des visites touristiques plutôt que des lieux de divertissement et, pour l'instant, de la ville plutôt que de la campagne. Vous voulez un guide, alors demandez:

Pouvez-vous me recommander un bon guide (livre) pour…?	**Can you recommend a good guidebook for…?**	kæn you rèkeu**mend** eu ghoud **ghaïd**bouk foor
Y a-t-il ici un office du tourisme?	**Is there a tourist office?**	iz ðèeur eu **toû**reust **o**feus
Où est le bureau de renseignements?	**Where's the information office?**	wèeurz ði infeur**méi**cheun **o**feus
Qu'est-ce qu'il y a de plus intéressant à voir?	**What are the main points of interest?**	wat ââr ðeu méin poïnts euv **in**teureust
Nous sommes ici pour…	**We're here for…**	wiir hieur foor
quelques heures seulement	**only a few hours**	**ôôn**li eu fyoû **aou**eurz
une journée	**a day**	eu déi
trois jours	**three days**	θrii déiz
une semaine	**a week**	eu wiik
Pouvez-vous me recommander un tour de ville?	**Can you recommend a sightseeing tour?**	kæn you rèkeu**mènd** eu **sait**sii-ing toûr
D'où part le bus?	**Where does the bus start from?**	wèeur deuz ðeu beus stâârt freum
Vient-il nous prendre à l'hôtel?	**Will it pick us up at the hotel?**	wil it pik eus eup æt ðeu hôô**tèl**
Quel bus/tram devons-nous prendre?	**What bus/streetcar do we take?**	wat beus/**striit**kââr doû wi téik
Combien coûte le tour?	**How much does the tour cost?**	haou meutch deuz ðeu toûr kost
A quelle heure partons-nous?	**What time does the tour start?**	wat taïm deuz ðeu toûr stâârt

POUR LES HEURES, voir page 178

Nous aimerions louer une voiture pour la journée.	**We'd like to rent a car for the day.**	wiid laïk teu rènt eu kââr foor ðeu déi
Y a-t-il un guide qui parle français?	**Is there a French-speaking guide?**	iz ðèeur eu **frèntch**-spiiking ghaïd
Où est/Où sont...	**Where is/Where are the... ?**	wèeur is/wèeur ââr ðeu
aquarium	**aquarium**	eu**kwæ**rieum
bâtiment	**building**	**bil**ding
bibliothèque	**library**	**laï**breuri
Bourse	**stock exchange**	stak èks**tchéindj**
Capitole	**Capitol**	**kæ**peuteul
cathédrale	**cathedral**	keu**θii**dreul
centre	**downtown area**	**daoun**taoun **è**rieu
centre des affaires	**business district**	**biz**neus **dis**trikt
centre commercial	**shopping center**	**cha**ping **sèn**teur
cimetière	**cemetery**	**sè**meuteuri
cour suprême	**supreme court**	seu**priim** koort
couvent	**convent**	**kan**vènt
docks	**docks**	daks
église	**church**	tcheûrtch
exposition	**exhibition**	èkseu**bi**cheun
fontaine	**fountain**	**faoun**teun
fort	**fort**	foort
gratte-ciel	**skyscraper**	**skaï**skréipeur
grotte	**cave**	kéiv
hôtel de ville	**city hall**	**si**ti hool
jardin	**gardens**	**ghââr**deunz
jardin botanique	**botanical gardens**	bôô**tæ**neukeul **ghââr**deunz
jardin zoologique	**zoo**	zoû
lac	**lake**	léik
Maison Blanche	**White House**	waït haous
marché	**market**	**mââr**keut
monastère	**monastery**	**ma**neustèri
monument	**monument**	**ma**nyeumeunt
monument (commémoratif)	**memorial**	meu**moo**rieul
mosquée	**mosque**	mask
moulin à eau	**watermill**	**woo**teurmil
musée	**museum**	myou**zii**eum
des beaux-arts	**art gallery**	âârt **ghæ**leuri
observatoire	**observatory**	eub**zeûr**veutôôri
opéra	**opera house**	**a**peureu haous
parc	**park**	pââr k
parlement (de l'Etat)	**state house**	stéit haous

planétarium	**planetarium**	plæneu**tè**rieum
port	**harbor**	**hââr**beur
quartier des artistes	**artists' quarter**	**ââr**teusts **kwoor**teur
résidence du gouverneur	**governor's mansion**	**gheuv**neurz **mæn**cheun
ruines	**ruins**	**roû**eunz
salle de concerts	**concert hall**	**kan**seurt hool
sanctuaire	**shrine**	chraïn
stade	**stadium**	**stéi**dieum
statue	**statue**	**stæ**tchoû
studio de télévision	**television studios**	**tè**leuvijeun **stoû**diôôz
synagogue	**synagogue**	**si**nighagh
tombeau	**tomb**	toûm
tour	**tower**	**taou**eur
tribunal	**court house**	koort haous
université	**university**	youneu**veûr**seuti
usine	**factory**	**fæk**teuri
verrerie	**glass-works**	**ghlæs**-weûrks

Entrée

Est-ce que ... est ouvert le dimanche?	**Is ... open on Sundays?**	iz ... **ôô**peun an **seun**diz
Quelle est l'heure d'ouverture/fermeture?	**When does it open/close?**	wèn deuz it **ôô**peun/klôôz
Combien coûte l'entrée?	**How much is the entrance fee?**	haou meutch iz ði **èn**treuns fii
Y a-t-il une réduction pour ... ?	**Is there any reduction for ... ?**	iz ðèeur **è**ni ri**deuk**cheun foor
étudiants/enfants	**students/children**	**stoû**deunts/**tchil**dreun
Voici mon billet.	**Here's my ticket.**	hieurz maï **ti**keut
Voici nos billets.	**Here are our tickets.**	hieur ââr **aou**eur **ti**keuts
Avez-vous un guide (brochure) français?	**Have you a guide-book in French?**	hæv you eu **ghaïd**bouk in frèntch
Puis-je acheter un catalogue?	**Can I buy a catalog?**	kæn aï baï eu **kæ**teulagh
Est-ce qu'on peut photographier?	**Is it all right to take pictures?**	iz it **ool**raït tou téik **pik**tcheurz

ADMISSION FREE	ENTRÉE LIBRE
NO CAMERAS ALLOWED	APPAREILS DE PHOTO INTERDITS

Qui - Quoi - Quand?

Quel est ce bâtiment?	**What's that building?**	wats ðæt **bil**ding
Qui(en) est le/l'...?	**Who was the...?**	hoû waz ðeu
architecte	**architect**	**ââr**keutèkt
artiste	**artist**	**ââr**teust
peintre	**painter**	**péin**teur
sculpteur	**sculptor**	**skeulp**teur
Qui l'a bâti?	**Who built it?**	hoû bilt it
Qui a peint ce tableau?	**Who painted that picture?**	hoû **péin**teud ðæt **pik**tcheur
Quand a-t-il vécu?	**When did he live?**	wèn did hi liv
Où est la maison dans laquelle...a vécu?	**Where's the house where...lived?**	wèeurz ðeu haous wèeur...livd
Nous nous intéressons au/à la/à l'/aux...	**We're interested in...**	wiir **in**treusteud in
antiquités	**antiques**	æn**tiiks**
archéologie	**archaeology**	âârki**a**leudji
art	**art**	ââr**t**
art et artisanat indiens	**Indian arts and crafts**	**in**dyeun âârts ænd kræfts
artisanat	**crafts**	kræfts
beaux-arts	**fine arts**	faïn âârts
botanique	**botany**	**ba**teuni
céramique	**ceramics**	**seur**æ**miks**
faune et flore sauvages	**wild life**	waïld laïf
géologie	**geology**	dji**a**leudji
histoire	**history**	**his**teuri
histoire naturelle	**natural history**	**næ**tcheureul **his**teuri
médecine	**medicine**	**mè**deuseun
mobilier	**furniture**	**feûr**neutcheur
musique	**music**	**myoû**zik
numismatique	**coins**	koïnz
ornithologie	**ornithology**	oorneu**θa**leudji
peinture	**painting**	**péin**ting
poterie	**pottery**	**pa**teuri
préhistoire	**prehistory**	prii**his**teuri
sculpture	**sculpture**	**skeulp**tcheur
zoologie	**zoology**	zôô**a**leudji
Où est la section...	**Where's the... department?**	wèeurz ðeu... di**pâârt**meunt

VISITES TOURISTIQUES

Voici l'adjectif que vous cherchiez:

C'est...	**It's...**	its
affreux	**awful**	**oo**feul
étrange	**strange**	stréindj
extraordinaire	**tremendous**	treu**mèn**deus
impressionnant	**impressive**	im**prè**siv
intéressant	**interesting**	**in**treusting
irrésistible	**overwhelming**	ôôveur**wèl**ming
laid	**ugly**	**eugh**li
lugubre	**gloomy**	**ghloû**mi
magnifique	**magnificent**	mægh**ni**feuseunt
prodigieux	**monumental**	manyeu**mèn**teul
sinistre	**sinister**	**si**neusteur
splendide	**beautiful**	**byoû**tifeul
stupéfiant	**amazing**	eu**méi**zing
superbe	**superb**	sou**peûrb**
terrible	**terrible**	**tè**reubeul
terrifiant	**terrifying**	**tè**reufaïing

Services religieux

Plus d'une centaine de religions et de sectes sont représentées en Amérique. La plupart des Américains sont protestants (en grande partie baptistes), cependant que l'Eglise catholique romaine groupe le tiers des chrétiens du pays. Orthodoxes et juifs sont nombreux dans les principaux centres industriels et commerciaux. Dans les grandes villes, vous pourrez sans doute assister à des services religieux en langue française.

Y a-t-il ici un/une...	**Is there a... near here?**	iz ðèeur eu... nieur hieur
église catholique	**Catholic church**	**kæ**θeulik tcheûrtch
église orthodoxe	**Orthodox church**	**oor**θeudaks tcheûrtch
mosquée	**mosque**	mask
synagogue	**synagogue**	**si**nighagh
temple protestant	**Protestant church**	**pra**teusteunt tcheûrtch
Où puis-je trouver un... qui parle français?	**Where can I find a... who speaks French?**	wèeur kæn aï faïnd eu... hoû spiiks frèntch
prêtre/pasteur/ rabbin	**priest/minister/ rabbi**	priist/**mi**neusteur/ **ræ**baï

VISITES TOURISTIQUES

Divertissements

Cinéma - Théâtre

En général, les séances de cinéma sont permanentes; elles comprennent chacune deux longs-métrages *(double feature)*, plus des actualités, un dessin animé et un documentaire. Dans les grandes villes, il existe un cinéma réservé aux premières visions; pour certaines séances, il est conseillé de réserver.

Les *drive-in movie theaters* sont populaires. Ce sont d'immenses parkings, où l'on pénètre en voiture pour y voir un film sans quitter son siège.

Au théâtre, le lever de rideau est habituellement à 20h 30. Il est recommandé de réserver.

On trouve les programmes dans les journaux et sur les panneaux d'affichage. Dans la plupart des grandes villes, il existe une publication intitulée *This week in...*

Avez-vous un exemplaire de «Cette semaine à... ?»	**Do you have a copy of "This Week in..."?**	dou you hæv eu **ka**pi euv ðis wiik in
Quels films y a-t-il au cinéma ce soir?	**What's showing at the movies tonight?**	wats **chôô**ing æt ðeu **moû**viz teu**naït**
Qu'est-ce qu'on donne au théâtre...	**What's playing at the... theater?**	wats **pléi**ing æt ðeu...**θi**euteur
De quel genre de pièce s'agit-il?	**What sort of play is it?**	wat soort euv pléi iz it
Qui en est l'auteur?	**Who's it by?**	hoûz it baï
Pouvez-vous me recommander... ?	**Can you recommend (a)... ?**	kæn you rekeu**mènd** (eu)
un bon film	**good film**	ghoud film
une comédie	**comedy**	**ka**meudi
quelque chose de léger	**something light**	**seum**θing laït
un film dramatique	**drama**	**dræ**meu
une comédie musicale	**musical**	**myoû**zikeul
une revue	**revue**	riv**yoû**
un western	**western**	**wè**steurn

DIVERTISSEMENTS

A quel théâtre joue-t-on la nouvelle pièce de... ?	**At what theater is that new play by... being performed?**	æt wat **θi**euteur iz ðæt noû pléi baï... **bi**iing peur**foormd**
A quel cinéma donne-t-on le nouveau film de... ?	**Where's that new film by... being shown?**	wèeurz ðæt noû film baï... **bi**iing chôôn
Qui y joue?	**Who's in it?**	hoûz in it
Qui joue le rôle principal?	**Who's playing the lead?**	hoûz **pléi**ing ðeu liid
Qui est le metteur en scène?	**Who's the director?**	hoûz ðeu daï**rèk**teur
A quelle heure commence le spectacle?	**What time does it begin?**	wat taïm deuz it bi**ghin**
A quelle heure finit-il?	**What time does the show end?**	wat taïm deuz ðeu chôô ènd
A quelle heure commence la représentation du soir?	**At what time does the evening performance start?**	æt wat taïm deuz ði **ii**vning peur**foor**meuns stâârt
Y a-t-il encore des billets pour ce soir?	**Are there any tickets for tonight?**	ââr ðèeur **è**ni **ti**keuts foor teu**naït**
Combien coûtent les billets?	**How much are the tickets?**	haou meutch ââr ðeu **ti**keuts
Je désire réserver 2 places pour la représentation de vendredi soir.	**I want to reserve 2 tickets for the show on Friday evening.**	aï want tou ri**zeûrv** 2 **ti**keuts foor ðeu chôô an **fraï**di **ii**vning
Puis-je avoir un billet pour la matinée de mardi?	**Can I have a ticket for the matinée on Tuesday?**	kæn aï hæv eu **ti**keut foor ðeu mæteu**néi** an **tyoûz**di
J'aimerais deux fauteuils d'orchestre.	**I want a seat in the orchestra.**	aï want eu siit in ðeu **oor**keustreu
Pas trop en arrière.	**Not too far back.**	nat toû fâââr bæk
Quelque part au milieu.	**Somewhere in the middle.**	**seum**wèeur in ðeu **mi**deul
Combien coûtent les places au balcon?	**How much are the seats on the mezzanine?**	haou meutch ââr ðeu siits an ðeu **mè**zeuniin
Puis-je avoir un programme?	**May I please have a program?**	méi aï pliiz hæv eu **prôô**ghræm

DIVERTISSEMENTS

Puis-je déposer ce manteau au vestiaire?	**Can I check this coat?**	kæn aï tchèk ðis kôôt

I'm sorry, we're sold out.	Je regrette, tout est vendu.
There are only a few seats left on the mezzanine.	Il reste seulement quelques places au balcon.
May I see your ticket?	Veuillez me montrer votre billet.*
This is your seat.	Voici votre fauteuil.

Opéra - Ballet - Concert

Où est l'opéra?	**Where's the opera house?**	wèeurz ðeu **a**peureu haous
Où est la salle de concerts?	**Where's the concert hall?**	wèeurz ðeu **kan**seurt hool
Qu'est-ce qu'on donne à l'opéra ce soir?	**What's on at the opera tonight?**	wats an æt ði **a**peureu teu**naït**
Qui chante?	**Who's singing?**	hoûz **sing**ing
Qui danse?	**Who's dancing?**	hoûz **dæn**sing
A quelle heure commence le spectacle?	**What time does the program start?**	wat taïm deuz ðeu **prôô**ghræm stâârt
Quel est l'orchestre?	**What orchestra is playing?**	wat **oor**keustreu iz **pléi**ing
Que joue-t-on?	**What are they playing?**	wat ââr ðéi **pléi**ing
Qui est le chef d'orchestre?	**Who's the conductor?**	hoûz ðeu keun**deuk**teur

* Il est inutile de donner un pourboire à l'ouvreuse. Les programmes sont gratuits, mais des programmes-souvenirs plus complets sont en vente à l'entrée.

Boîtes de nuit

Les boîtes de nuit se ressemblent dans le monde entier, surtout par les prix exorbitants qu'elles pratiquent. On vous y fera sans doute payer la table.

Le Nevada, paradis des joueurs, se vante aussi d'avoir les boîtes de nuit les plus divertissantes du pays. A Las Vegas, il y a plusieurs lieux de divertissement bien connus; on peut y assister à des spectacles auxquels participent de grands talents américains et étrangers.

Quelques boîtes de nuit donnent de bons spectacles à des prix raisonnables: renseignez-vous. Demandez les prix avant de commander et n'oubliez pas de tenir compte des suppléments.

Dans la plupart des boîtes de nuit, un costume de couleur sombre suffit.

Pouvez-vous me recommander une bonne boîte de nuit?	**Can you recommend a good night-club?**	kæn you rèkeu**mènd** eu ghoud **naït**kleub
Y a-t-il un spectacle de cabaret?	**Is there a floor show?**	iz ðèeur eu floor chôô
A quelle heure commence le spectacle?	**What time does the floor show start?**	wat taïm deuz ðeu floor chôô stâârt
La tenue de soirée est-elle de rigueur?	**Is evening dress necessary?**	iz **ii**vning drès **nè**seusèri

A l'intérieur...

Une table pour 2, je vous prie.	**A table for 2, please.**	eu **téi**beul foor 2 pliiz
Je m'appelle... J'ai réservé une table pour 4.	**My name's... I reserved a table for 4.**	maï néimz... aï ri**zeûrvd** eu **téi**beul foor 4
Je vous ai téléphoné aujourd'hui.	**I telephoned you earlier.**	aï **tè**leufôônd you **eûr**lieur
Nous n'avons pas réservé.	**We haven't got a reservation.**	wi **hæ**veunt ghat eu rèzeur**véi**cheun

DIVERTISSEMENTS

Dancing

Où pouvons-nous aller danser?	**Where can we go dancing?**	wèeur kæn wi ghôô **dæn**sing
Y a-t-il une discothèque en ville?	**Is there a discotheque in town?**	iz ðèeur eu **dis**keutèk in taoun
Il y a un bal à...	**There's a dance at the...**	ðèeurz eu dæns æt ðeu
Vous dansez?	**Would you like to dance?**	woud you laïk tou dæns
M'accordez-vous cette danse?	**May I have this dance?**	méi aï hæv ðis dæns

Aimez-vous jouer?

Les jours de pluie, cette page peut vous être utile.

Jouez-vous aux échecs?	**Do you happen to play chess?**	dou you **hæ**peun tou pléi tchès
Non, je regrette.	**I'm afraid I don't.**	aïm eu**fréid** aï dôônt
Non, mais je jouerais volontiers aux dames.	**No, but I'll play you a game of checkers.**	nôô beut aïl pléi you eu ghéim euv **tchè**keurz
roi	**king**	king
reine	**queen**	kwiin
tour	**castle/rook**	**kæ**seul/rouk
fou	**bishop**	**bi**cheup
cavalier	**knight**	naït
pion	**pawn**	poon
échec et mat	**check mate**	tchèk méit
Jouez-vous aux cartes?	**Do you play cards?**	dou you pléi kâârdz
bridge	**bridge**	bridj
canasta	**canasta**	keu**næs**teu
gin rummy	**gin rummy**	djin **reu**mi
whist	**whist**	wist
vingt-et-un	**blackjack**	**blæk**djæk
poker	**poker**	**pôô**keur

DIVERTISSEMENTS

as	**ace**	éis
roi	**king**	king
dame	**queen**	kwiin
valet	**jack**	djæk
joker	**joker**	**djôô**keur
cœur	**hearts**	hâârts
carreau	**diamonds**	**daï**meundz
trèfle	**clubs**	kleubz
pique	**spades**	spéidz

Casino

Le Nevada est le seul Etat où le jeu soit légal. Las Vegas et Reno sont des villes célèbres par leurs casinos, ouverts toute la nuit: vous pouvez y jouer aux dés, aux machines à sous ou tenter votre chance à la roulette. D'ailleurs, ces jeux ne se pratiquent pas seulement au casino. Des rangées de machines, appelées *one-armed bandits* (bandits manchots), sont alignées dans les restaurants et les magasins d'alimentation, de sorte que chacun peut y écouler rapidement sa monnaie.

Sports

Peut-être désirez-vous assister à des rencontres sportives. Les principales sont télévisées, ce qui vous permet de regarder un match à la télévision de votre chambre d'hôtel.

Voici les sports les plus populaires en Amérique:

Baseball. Sport pratiqué d'avril à octobre. On se sert d'une petite balle et d'une batte; le terrain de jeu est appelé *diamond* (diamant). La plupart des grandes villes ont leurs équipes de professionnels, mais on peut aussi voir des équipes locales d'amateurs.

Football. Pratiqué de septembre à décembre, ce sport violent ressemble bien davantage au rugby qu'au football européen. Certains joueurs pèsent quatre-vingt-dix kilos ou davantage. Le jeu consiste à plaquer un joueur et à le faire tomber durant sa traversée du terrain, tandis que ses coéquipiers essaient de bloquer l'action de l'adversaire. Les Américains préfèrent les équipes professionnelles et universitaires, mais il est plus facile d'obtenir des billets pour les matches locaux organisés par les écoles. Pendant la pause de la mi-temps, le défilé et les joyeuses démonstrations des majorettes qu'accompagnent des fanfares forment eux-mêmes un spectacle.

Basketball. Pratiqué d'octobre à avril par des équipes professionnelles ou universitaires. Les joueurs mesurent en général plus de 1m 80 et les éléments de 2 m et d'avantage sont monnaie courante.

Le hockey sur glace, la lutte, la boxe, les courses de chevaux et de voitures sont également très appréciés, mais revêtent un caractère régional.

Si vous êtes vous-même sportif, vous trouverez facilement courts de tennis, piscines et terrains de golf privés ou publics.

Selon la région et la saison, vous pouvez pêcher, chasser, faire de l'aviron, du cheval, du ski nautique, du surf, du patinage sur glace, du ski, de la luge, de la varappe.

Où est le terrain de golf le plus proche?	**Where's the nearest golf course?**	wèeurz ðeu **nieu**reust ghalf koors
Pouvons-nous louer des crosses?	**Can we rent clubs?**	kæn wi rènt kleubz
Où sont les courts de tennis?	**Where are the tennis courts.**	wèeur ââr ðeu **tè**neus koorts
Est-ce que je peux louer des raquettes?	**Can I rent rackets?**	kæn aï rènt **ræ**keuts
Quel est le prix par... ?	**What's the charge per... ?**	wats ðeu tchâârdj peur
jour/partie/heure	**day/round/hour**	déi/raound/**aou**eur
Où est le champ de courses le plus proche?	**Where's the nearest race track?**	wèeurz ðeu **nieu**reust réis træk
Combien coûte l'entrée?	**What's the admission charge?**	wats ðeu eud**mi**cheun tchâârdj
Y a-t-il une piscine ici?	**Is there a swimming pool here?**	iz ðèeur eu **swi**ming poûl hieur
Est-elle à ciel ouvert ou couverte?	**Is it open-air or indoors?**	iz it **ôô**peun-èeur oor in**doorz**
Est-elle chauffée?	**Is it heated?**	iz it **hii**teud
Peut-on nager dans le lac/la rivière?	**Can one swim in the lake/river?**	kæn weun swim in ðeu léik/**ri**veur
J'aimerais assister à un match de base-ball.	**I'd like to see a baseball game.**	aïd laïk tou sii eu **béis**bool ghéim
Pouvez-vous me procurer deux billets?	**Can you get me a couple of tickets?**	kæn you ghèt mi eu **keu**peul euv **ti**keuts
Y a-t-il un match de football ce samedi?	**Is there a football game anywhere this Saturday?**	iz ðèeur eu **fout**bool ghéim **è**niwèeur ðis **sæ**teurdi
Qui joue?	**Who's playing?**	hoûz **pléi**ing
Y a-t-il dans les environs un bon endroit pour pêcher?	**Is there any good fishing around here?**	iz ðèeur **è**ni ghoud **fi**ching eu**raound** hieur
Un permis est-il nécessaire?	**Do I need a permit?**	dou aï niid eu peur**mit**
Où puis-je m'en procurer un?	**Where can I get one?**	wèeur kæn aï ghèt weun

A la plage

Peut-on nager sans danger?	**Is it safe for swimming?**	iz it séif foor **swi**ming
Y a-t-il un maître-nageur?	**Is there a lifeguard?**	iz ðèeur eu **laïf**ghâârd
Est-ce sans danger pour les enfants?	**Is it safe for children?**	iz it séif foor **tchil**dreun
C'est très calme.	**It's very calm.**	its **vè**ri kalm
Les vagues sont parfois hautes.	**There are some big waves.**	ðèeur ââr seum big wéivz
Y a-t-il des courants dangereux?	**Are there any dangerous currents?**	ââr ðèeur **è**ni **déin**djeureus **keû**reunts
A quelle heure est la marée haute?	**What time is high tide?**	wat taïm iz haï taïd
Quelle est l'heure de la marée basse?	**What time is low tide?**	wat taïm iz lôô taïd
Quelle est la température de l'eau?	**What's the temperature of the water?**	wats ðeu **tèm**preutcheur euv ðeu **woo**teur
J'aimerais louer...	**I want to rent...**	aï want tou rènt
cabine	**a bathing hut**	eu **béi**ðing heut
chaise longue	**a deck chair**	eu dèk tchèeur
équipement de plongée	**some skin-diving equipment**	seum **skin**daïving i**kwip**meunt
matelas pneumatique	**an air mattress**	eun èeur **mæ**treus
parasol	**a sunshade**	eu **seun**chéid
planche de surf	**a surfboard**	eu **seûrf**boord
skis nautiques	**some water-skis**	seum **woo**teur skiiz
tente	**a tent**	eu tènt

PRIVATE BEACH
PLACE PRIVÉE

NO BATHING
BAIGNADE INTERDITE

DIVERTISSEMENTS

Où puis-je louer... ?	**Where can I rent a... ?**	wèeur kæn aï rènt eu
bateau à moteur	**motorboat**	**môô**teurbôôt
bateau à rames	**rowboat**	**rôô**bôôt
bateau à voiles	**sailboat**	**séil**bôôt
canoë	**canoe**	keu**noû**
Quelle est le prix horaire?	**What's the charge per hour?**	wats ðeu tchâârdj peur **aou**eur

Sports d'hiver

Y a-t-il une patinoire près d'ici?	**Is there a skating rink near here?**	iz ðèeur eu **skéi**ting rink nieur hieur
J'aimerais louer des patins à glace.	**I want to rent some skates.**	aï want tou rènt seum skéits
Peut-on faire du ski à Squaw Valley?	**What are the skiing conditions like at Squaw Valley?**	wat ââr ðeu **skii**ing keun**di**cheunz laïk æt skwoo **væ**li
Est-ce que je peux y prendre des leçons de ski?	**Can I take skiing lessons there?**	kæn aï téik **skii**ing **lè**seuns ðèeur
Y a-t-il des remonte-pentes?	**Are there ski lifts?**	ââr ðèeur skii lifts
J'aimerais louer...	**I want to rent...**	aï want tou rènt
bâtons de ski	**some poles**	seum pôôlz
chaussures de ski	**some boots**	seum boûts
équipement de ski	**some skiing equipment**	seum **skii**ing i**kwip**meunt
luge	**a toboggan**	eu teu**ba**gheun
patins à glace	**some ice skates**	seum aïs skéits
skis	**some skis**	seum skiiz
traîneau	**a sled**	eu slèd

DIVERTISSEMENTS

Camping - A la campagne

Dans presque tous les parcs régionaux ou fédéraux il existe des terrains de camping. On peut même camper dans les réserves d'Indiens. En été, les terrains de camping sont surpeuplés. Il est souvent possible de réserver un emplacement.

Est-ce qu'on peut camper ici?	**Can we camp here?**	kæn wi kæmp hieur
Où pouvons-nous camper cette nuit?	**Where can one camp for the night?**	wèeur kæn weun kæmp foor ðeu naït
Y a-t-il un terrain de camping près d'ici?	**Is there a camping site near here?**	iz ðèeur eu **kæm**ping saït nieur hieur
Pouvons-nous camper dans votre champ?	**May we camp in your field?**	méi wi kæmp in yoor fiild
Pouvons-nous garer la caravane?	**Can we park our trailer here?**	kæn wi pâârk **aou**eur **tréi**leur hieur
Est-ce un terrain de camping officiel?	**Is this an official camping site?**	iz ðis eun eu**fi**cheul **kæm**ping saït
Peut-on faire du feu?	**May we make a fire?**	méi wi méik eu **faï**eur
Y a-t-il de l'eau potable?	**Is there drinking water?**	iz ðèeur **drin**king **woo**teur
Est-ce qu'il y a des magasins sur place?	**Are there shopping facilities on the site?**	ââr ðèeur **cha**ping feu**si**leutiz an ðeu saït
Y a-t-il... ?	**Are there... ?**	ââr ðèeur
bains douches toilettes	**baths** **showers** **toilets**	bæθs **chaou**eurz **toï**leuts
Quel est le prix... ?	**What's the charge... ?**	wats ðeu tchâârdj
par jour par personne pour une voiture pour une tente pour une caravane	**per day** **per person** **for a car** **for a tent** **for a trailer**	peur déi peur **peû**rseun foor eu kââr foor eu tènt foor eu **tréi**leur

POUR LE MATÉRIEL DE CAMPING, voir page 112

Connaissez-vous quelqu'un qui puisse nous héberger pour la nuit?	**Do you know anyone who can put us up for the night?**	dou you nôô èniweun hoû kæn pout eus eup foor ðeu naït

NO CAMPING	NO TRAILERS
DÉFENSE DE CAMPER	INTERDIT AUX CARAVANES

Points de repère

arbre	**tree**	trii
bac	**ferry**	**fè**ri
bâtiment	**building**	**bil**ding
bois	**wood**	woud
canal	**canal**	keu**næl**
carrefour	**crossroads**	**kros**rôôdz
chaîne de montagnes	**mountain range**	**maoun**teun réindj
chalet	**cottage**	**ka**tidj
champ	**field**	fiild
champ de maïs	**cornfield**	**koorn**fieuld
chemin	**path**	pæθ
chemin de fer	**railroad**	**réil**rôôd
chute d'eau	**waterfall**	**woo**teurfool
colline	**hill**	hil
cours d'eau	**stream**	striim
désert	**desert**	**dè**zeurt
dunes	**dunes**	doûnz
église	**church**	tcheûrtch
étang	**pond**	pand
falaise	**cliff**	klif
ferme	**farm**	fâârm
fleuve	**river**	**ri**veur
forêt	**forest**	**fo**reust
grange	**barn**	bââm
lac	**lake**	léik
lagune	**lagoon**	leu**ghoûn**
maison	**house**	haous
marais	**marsh**	mâârch
mare	**pool**	poûl
marécage	**swamp/bayou***	swæmp/**baï**oû
mer	**sea**	sii
montagne	**mountain**	**maoun**teun
pic	**peak**	piik
piste	**trail**	tréil

* mot louisianais

plantation	**plantation**	plæn**téi**cheun
pont	**bridge**	bridj
puits	**well**	wèl
réserve indienne	**Indian reservation**	**in**dieun rèzeur**véi**cheun
rivière	**river**	**ri**veur
route	**road**	rôôd
route principale	**highway**	**haï**wéi
ruisseau	**brook**	brouk
sentier	**footpath**	**fout**pæθ
source	**spring**	spring
traces	**track**	træk
vallée	**valley**	**væ**li
vignoble	**vineyard**	**vin**yeurd
village	**village**	**vi**lidj
A quelle distance sommes-nous de… ?	**How far is it to… ?**	haou fââr iz it tou
A quelle distance se trouve la ville la plus proche?	**How far is the next town?**	haou fââr iz ðeu nèkst taoun
Comment s'appelle cette ville?	**What's the name of this town?**	wats ðeu néim euv ðis taoun
Sommes-nous bien sur la route de… ?	**Are we on the right road for… ?**	ââr wi an ðeu raït rôôd foor
Où mène cette route?	**Where does this road lead to?**	wèeur deuz ðis rôôd liid tou
Pouvez-vous m'indiquer sur la carte où nous sommes?	**Can you show me on the map where we are?**	kæn you chôô mi an ðeu mæp wèeur wi ââr
Comment s'appelle ce fleuve?	**What's the name of that river?**	wats ðeu néim euv ðæt **ri**veur
Quelle est l'altitude de cette montagne?	**How high is that mountain?**	haou haï iz ðæt **maoun**teun

Si vous êtes fatigué par la marche, vous pouvez essayer de faire de l'auto-stop. Mais vous attendrez peut-être longtemps avant qu'un automobiliste ne s'arrête. En général, la police voit les auto-stoppeurs d'un mauvais œil, et dans certains Etats, l'auto-stop est illégal.

Pouvez-vous m'emmener jusqu'à… ?	**Can you give me a lift to… ?**	kæn you ghiv mi eu lift tou

Comment se faire des amis

Présentations

Voici quelques phrases pour engager la conversation:

Enchanté(e)!	**How do you do?**	haou dou you dou
Comment allez-vous?	**How are you?**	haou ââr you
Très bien, merci.	**Very well, thank you.**	**vè**ri wèl θænk you
Bien, merci. Et vous?	**Fine, thanks. And you?**	faïn θænks. ænd you
Permettez-moi de vous présenter Mlle Philips.	**May I introduce Miss Philips?**	méi aï intreu**doûs** mis **fi**leups
J'aimerais vous présenter à un ami.	**I'd like you to meet a friend of mine.**	aïd laïk you tou miit eu frènd euv maïn
Jean, je vous présente...	**John, this is...**	djan ðis iz
Je m'appelle...	**My name's...**	maï néimz
Enchanté de faire votre connaissance.	**Glad to know you.**	ghlæd tou nôô you

Pour rompre la glace...

Depuis combien de temps êtes-vous ici?	**How long have you been here?**	haou long hæv you bin hieur
Il y a une semaine que nous sommes ici.	**We've been here a week.**	wiiv bin hieur eu wiik
Est-ce la première fois que vous venez ici?	**Is this your first visit?**	iz ðis yoor feûrst **vi**zeut
Non, nous sommes déjà venus l'année dernière.	**No, we came here last year.**	nôô wi kéim hieur læst yieur
Est-ce que vous vous plaisez ici?	**Are you enjoying your stay?**	ââr you in**djoo**ying yoor stéi
Oui,...me plaît beaucoup.	**Yes, I like...very much.**	yès aï laïk...**vè**ri meutch
Etes-vous seul(e) ici?	**Are you on your own?**	ââr you in**djoo**ying

Je suis avec...	**I'm with...**	aïm wið
mon mari ma femme ma famille mes parents des amis	**my husband my wife my family my parents some friends**	maï **heuz**beund maï waïf maï **fæ**meuli maï **pæ**reunts seum frèndz
D'où venez-vous?	**Where do you come from?**	wèeur dou you keum freum
De quelle région de...venez-vous?	**What part of... do you come from?**	wat pâârt euv...dou you keum freum
Je viens de...	**I'm from...**	aïm freum
Où logez-vous?	**Where are you staying?**	wèeur ââr you **sté**ying
Je suis étudiant(e).	**I'm a student.**	aïm eu **stoû**deunt
Qu'étudiez-vous?	**What are you studying?**	wat ââr you **steu**diying
Nous sommes en vacances.	**We're here on vacation.**	wiir hieur an véi**kéi**cheun
Je suis en voyage d'affaires.	**I'm here on business.**	aïm hieur an **biz**neus
J'espère vous revoir bientôt.	**I hope we'll see you again soon.**	ai hôôp wiil sii you eu**ghèn** soûn
A bientôt/à demain.	**See you later/See you tomorrow.**	sii you **léi**teur/sii you teu**ma**rôô

Le temps qu'il fait

Tout comme en France, le temps est matière à conversation. Ainsi...

Quelle belle journée!	**What a great day!**	wat eu **ghréit** déi
Quel temps affreux!	**What awful weather!**	wat **oo**feul **wèð**eur
Comme il fait froid!	**Isn't it cold today?**	izeunt it kôôld teu**déi**
Comme il fait chaud!	**Isn't it hot today?**	izeunt it hat teu**déi**
Pensez-vous qu'il... demain?	**Do you think it'll... tomorrow?**	dou you θink iteul... teu**ma**rôô
pleuvra/neigera y aura des éclaircies/ du soleil	**rain/snow clear up/be sunny**	réin/snôô klieur eup/bii **seu**ni

Invitations

Ma femme et moi, nous aimerions vous inviter à dîner...	**My wife and I would like you to join us for dinner on...**	maï waïf ænd ai woud laïk you tou djoïn eus foor **di**neur an
Pouvons-nous vous prier à dîner demain soir?	**Can you come to dinner tomorrow night?**	kæn you keum tou **di**neur teu**ma**rôô naït
Passerez-vous prendre un verre ce soir?	**Can you come over for cocktails this evening?**	kæn you keum **ôô**veur foor **kak**téilz ðis **iiv**ning
Il y a une soirée. Est-ce que vous viendrez?	**There's a party. Are you coming?**	ðèeurz eu **pââr**ti. âår you **keu**ming
Vous êtes très aimable.	**That's very kind of you.**	ðæts **vè**ri kaïnd euv you
Formidable. Je serai ravi(e) de venir.	**Great. I'd love to come.**	ghréit. aïd leuv teu keum
A quelle heure pouvons-nous venir?	**What time shall we come?**	wat taïm chæl wi keum
Est-ce que je peux amener un ami (une amie)?	**May I bring a friend?**	méi aï bring eu frènd
Je pense qu'il nous faut partir maintenant.	**I'm afraid we've got to go now.**	aïm eu**fréid** wiiv ghat tô ghôô naou
La prochaine fois, ce sera à vous de venir nous voir.	**Next time you must come to visit us.**	nèkst taïm you meust keum teu **vi**zeut eus
Merci pour cette soirée. C'était formidable.	**Thanks for the evening. It was great.**	θænks foor ði **iiv**ning. it weuz ghréit

Rendez-vous

Voulez-vous une cigarette?	**Would you like a cigarette?**	woud you laïk eu sigheu**rèt**
Avez-vous du feu, s.v.p.?	**Do you have a match, please?**	dou you hæv eu mætch pliiz
Puis-je vous offrir quelque chose à boire?	**Can I get you a drink?**	kæn aï ghèt you eu drink

Attendez-vous quelqu'un?	**Are you waiting for someone?**	ââr you **wéi**ting foor **seum**weun
Etes-vous libre ce soir?	**Are you free this evening?**	ââr you frii ðis **ii**vning
Voulez-vous sortir avec moi ce soir?	**Would you like to go out with me tonight?**	woud you laïk tou ghôô aout wið mi teu**naït**
Voulez-vous aller danser?	**Would you like to go dancing?**	woud you laïk tou ghôô **dæn**sing
Je connais une bonne discothèque.	**I know a good discotheque.**	aï nôô eu ghoud **dis**keutèk
Voulez-vous aller au cinéma?	**Shall we go to the movies?**	chæl wi ghôô tou ðeu **moû**viz
Voulez-vous faire une promenade en voiture?	**Would you like to go for a drive?**	woud you laïk tou ghôô foor eu draïv
Où puis-je vous rencontrer?	**Where shall we meet?**	wèeur chæl wi miit
Je passerai vous prendre à l'hôtel.	**I'll pick you up at your hotel.**	aïl pik you eup æt yoor hôô**tèl**
Je passerai vous prendre à 8 h.	**I'll call for you at 8.**	aïl kool foor you æt 8
Puis-je vous ramener chez vous?	**May I take you home?**	méi aï téik you hôôm
Nous reverrons-nous demain?	**Can I see you again tomorrow?**	kæn aï sii you eu**ghèn** teu**ma**rôô
Merci. J'ai passé une soirée merveilleuse.	**Thank you, it's been a wonderful evening.**	θænk you its bin eu **weun**deurfeul **ii**vning
Je me suis follement amusé(e).	**I've enjoyed myself tremendously.**	aïv in**djoïd** maï**sèlf** treu**mèn**deusli
Quel est votre numéro de téléphone?	**What's your telephone number?**	wats yoor **tè**leufôôn **neum**beur
Habitez-vous chez vos parents?	**Do you live with your family?**	dou you liv wið yoor **fæ**meuli
Habitez-vous seul(e)?	**Do you live alone?**	dou you liv eu**lôôn**
A quelle heure part votre dernier train?	**What time is your last train?**	wat taïm iz yoor læst tréin

Guide des achats

Ce guide vous aidera à trouver aisément et rapidement ce que vous désirez. Il comprend:

1. une liste des principaux magasins et services (pp. 98–99);
2. quelques expressions qui vous aideront à choisir et à formuler vos désirs avec précision (p. 100);
3. tous les détails sur les magasins et services auxquels vous aurez probablement à faire. Vous trouverez conseils, liste alphabétique des articles et tables de conversion sous les titres suivants:

Magasins et services

Du lundi au samedi, les magasins ouvrent en général à 9.30 h. et ferment à 18 h.; il n'y a pas de pause à midi.

Ne soyez pas surpris de trouver de nombreux magasins ouverts jusqu'à 21 h. ou 22 h., une ou plusieurs fois par semaine. Dans les endroits où foisonnent les noctambules – comme Greenwich Village à New York ou le Near North Side à Chicago – quelques magasins accueillent les flâneurs jusqu'au petit matin. Le dimanche, les épiceries, les drugstores et les boutiques de traiteurs (*delicatessens*) restent souvent ouverts.

On trouve aisément des interprètes dans les grands magasins. Au sous-sol, on vend des occasions et des articles soldés. Les magasins à discount disposent eux aussi d'un grand choix de marchandises à des prix intéressants.

N'oubliez pas que, dans certaines villes, une taxe sur la vente peut s'ajouter au prix d'achat.

Où est le/la/l'... le/la plus proche?	**Where's the nearest... ?**	wèeurz ðeu **nieu**reust
magasin d'antiquités	**antique shop**	æn**tiik** chap
galerie d'art	**art gallery**	âârt **ghæ**leuri
banque	**bank**	bænk
bijouterie	**jeweller**	**djoû**euleur
blanchisserie	**laundry**	**loon**dri
boucherie	**butcher shop**	**bout**cheur chap
boulangerie	**bakery**	**béi**keuri
magasin de chaussures	**shoe store**	choû stoor
chemiserie	**shirt-maker**	**cheûrt**méiker
cireur de chaussures	**bootblack**	**boût**blæk
coiffeur (dames)	**beauty parlor**	**byoû**ti **pââr**leur
coiffeur (hommes)	**barber shop**	**bââr**beur chap
confiserie	**candy store**	**kæn**di stoor
cordonnerie	**shoemaker**	**choû**méikeur
couturier (couturière)	**dressmaker**	**drès**méikeur
dentiste	**dentist**	**dèn**tist
magasin diététique	**health food shop**	hèlθ foûd chap
magasin de disques	**record store**	**rè**keurd stoor

épicerie	**grocery store**	**grôôs**ri stoor
fleuriste	**florist**	**floo**rist
fourreur	**furrier**	**feû**rieur
garage	**garage**	gheu**rââdj**
grand magasin	**department store**	di**pâârt**meunt stoor
hôpital	**hospital**	**has**peuteul
horloger	**watchmaker**	**watch**méikeur
kiosque	**cigarette stand**	sigheu**rèt** stænd
laiterie-crémerie	**dairy store**	**dèeu**ri stoor
librairie	**book store**	bouk stoor
magasin à prix réduits	**discount store**	**dis**kaount stoor
marché des fruits et légumes	**fruit and vegetable market**	froût ænd **vèdj**teubeul **mââr**keut
maroquinerie	**leather goods store**	**lè**ðeur ghoudz stoor
médecin	**doctor**	**dak**teur
mercerie	**dry goods store**	draï ghoudz stoor
modiste	**hat shop**	hæt chap
opticien	**optician**	ap**ti**cheun
papeterie	**stationery store**	**stéi**cheunèri stoor
pharmacie	**drugstore**	**dreugh**stoor
magasin de photo	**camera store**	**kæ**meureu stoor
photographe	**photographer**	fôô**ta**ghreufeur
poissonnerie	**fish store**	fich stoor
poste de police	**police station**	peu**liis stéi**cheun
poste	**post office**	pôôst **o**feus
prêt sur gages	**pawnbroker**	**poon**brôôkeur
prix unique	**five-and-ten-cent store**	faiv-ænd-tèn-sènt stoor
salon-lavoir	**launderette**	loondeu**rèt**
magasin de souvenirs	**souvenir shop**	**soû**veunir chap
magasin d'articles de sport	**sporting goods store**	**spoor**ting ghoudz stoor
station d'essence	**gas station**	ghæs **stéi**cheun
supermarché	**supermarket**	**soû**peurmâârkeut
bureau de tabac	**tobacco shop**	teu**bæ**kôô chap
tailleur	**tailor**	**téi**leur
télégraphe	**Western Union office**	**wès**teurn **yoûn**yeun **o**feus
teinturerie	**dry cleaner**	draï **klii**neur
traiteur	**delicatessen**	dèlikeu**tè**seun
vétérinaire	**veterinarian**	vèteureu**nè**rieun
vins et liqueurs	**liquor store**	**li**keur stoor
agence de voyages	**travel agent**	**træ**veul **éi**djeunt

SALE	SOLDES

CLEARANCE	LIQUIDATION

Expressions générales

Voici quelques expressions qui vous aideront lors de vos achats:

Où y a-t-il un/une bon/bonne...?	**Where's a good...?**	wèeurz eu ghoud
Où est le/la/l'... le/la plus proche?	**Where's the nearest...?**	wèeurz ðeu **nieu**reust
Où puis-je trouver un/une...?	**Where can I find a...?**	wèeur kæn aï faïnd eu
Pouvez-vous me recommander un/une...bon marché?	**Can you recommend an inexpensive...?**	kæn you rèkeu**mènd** eun inik**spèn**siv
Où est le centre commercial?	**Where's the main shopping area?**	wèeurz ðeu méin **cha**ping èrieu
Comment puis-je m'y rendre?	**How do I get there?**	haou dou aï ghèt ðèeur

Service

Pouvez-vous m'aider?	**Can you help me?**	kæn you hèlp mi
Je ne fais que regarder.	**I'm just looking around.**	aïm djeust **lou**king eu**raound**
Je voudrais...	**I want...**	aï want
Pouvez-vous me montrer des...?	**Can you show me some...?**	kæn you chôô mi seum
Avez-vous des...?	**Do you have any...?**	dou you hæv **è**ni

Celui-la/Celle-là

Pouvez-vous me montrer...?	**Can you show me...?**	kæn you chôô mi
cela/ceux-là	**that/those**	ðæt/ðôôz
celui/celle qui est dans la vitrine	**the one in the window**	ðeu weun in ðeu **win**dôô
celui qui se trouve à l'étalage	**the one in the display case**	ðeu weun in ðeu dis**pléi** kéis
C'est là-bas.	**It's over there.**	its **ôô**veur ðèeur

Description de l'article

Je voudrais un/une...	**I'd like...**	aïd laïk
J'en voudrais un/une...	**I want...one.**	aï want...weun
bon	**a good**	eu ghoud
bon marché	**a cheap**	eu tchiip
carré	**a square**	eu skwær
clair	**a light**	eu laït
de couleur	**a colored**	eu **keu**leurd
foncé	**a dark**	eu dâârk
grand	**a large**	eu lâârdj
léger	**a light**	eu laït
lourd	**a heavy**	eu **hè**vi
ovale	**an oval**	eun **ôô**veul
petit	**a small**	eu smool
rectangulaire	**a rectangular**	eu rèk**tæng**ghyeuleur
rond	**a round**	eu raound
Je n'aimerais pas quelque chose de trop cher.	**I don't want anything too expensive.**	aï dôônt want **è**niθing toû iks**pèn**siv

Préférence

Je voudrais quelque chose de meilleure qualité.	**I prefer something of better quality.**	aï pri**feûr seum**θing euv **bè**teur **kwa**leuti
Pouvez-vous m'en montrer d'autres?	**Can you show me some more?**	kæn you chôô mi seum moor
N'avez-vous rien de...?	**Haven't you anything...?**	**hæ**veunt you **è**niθing
meilleur marché/ mieux	**cheaper/better**	**tchii**peur/**bè**teur
plus grand/plus petit	**larger/smaller**	**lââr**djeur/**smoo**leur

Combien?

Combien coûte ceci?	**How much is this?**	haou meutch iz ðis
Je ne comprends pas.	**I don't understand.**	aï dôônt eundeur**stænd**
Pourriez-vous l'écrire?	**Please write it down.**	pliiz raït it daoun
Je ne veux pas dépenser plus de...	**I don't want to spend more than...**	aï dôônt want tou spènd moor ðæn

Décision

C'est exactement ce que je cherche.	**That's just what I want.**	ðæts djeust wat aï want
Ce n'est pas tout à fait ce que je veux.	**It's not quite what I want.**	its nat kwaït wat aï want
Non, ça ne me plaît pas.	**No, I don't like it.**	nôô aï dôônt laïk it
Je le prends.	**I'll take it.**	aïl téik it

Commande

Pouvez-vous me le commander?	**Can you order it for me?**	kæn you **oor**deur it foor mi
Combien de temps cela pendra-t-il?	**How long will it take?**	haou long wil it téik
Je le voudrais dès que possible.	**I'd like it as soon as possible.**	aïd laïk it æz soûn æz **pa**seubeul

Livraison

Je l'emporte.	**I'll take it with me.**	aïl téik it wið mi
Envoyez-le à l'hôtel…	**Deliver it to the… Hotel.**	di**li**veur it tou ðeu… hôô**tèl**
Envoyez-le à cette adresse, je vous prie.	**Please send it to this address.**	pliiz sènd it tou ðis eu**drès**
Est-ce que j'aurai des problèmes à la douane?	**Will I have any difficulty with the customs?**	wil aï hæv **è**ni **di**fikeulti wið ðeu **keus**teumz

Paiement

C'est combien?	**How much is it?**	haou meutch iz it
Puis-je payer avec un chèque de voyage?	**Can I pay by traveler's check?**	kæn aï péi baï **træv**leurz tchèk
Acceptez-vous l'argent français/belge/suisse?	**Do you accept French/Belgian/Swiss francs?**	dou you euk**sèpt** frèntch/**bèl**djeun/swis frænks
Acceptez-vous les cartes de crédit?	**Do you accept credit cards?**	dou you euk**sèpt** **krè**deut kâârdz
N'avez-vous pas fait d'erreur d'addition?	**Haven't you made a mistake in the bill?**	**hæ**veunt you méid eu mis**téik** in ðeu bil

Autre chose?

Non merci, ce sera tout.	**No, thanks, that's all.**	nôô θænks ðæts ool
Oui, je voudrais...	**Yes, I want...**	yès aï want
Montrez-moi...	**Show me...**	chôô mi
Au revoir et merci.	**Thank you. Goodby.**	θænk you. ghoud**baï**

Réclamations

Pouvez-vous changer ceci, s.v.p.?	**Can you please exchange this?**	kæn you pliiz èks**tchéindj** ðis
Je voudrais rendre ceci.	**I want to return this.**	aï want tou ri**teûrn** ðis
J'aimerais être remboursé. Voici le reçu.	**I'd like a refund. Here's the receipt.**	aïd laïk eu **rii**feund. hieurz ðeu ri**siit**

Can I help you?	Qu'y a-t-il pour votre service?
What would you like?	Qu'aimeriez-vous?
What... would you like?	Quel(le)... aimeriez-vous?
color/shape **quality/quantity**	couleur/forme qualité/quantité
I'm sorry, we haven't any.	Je suis désolé, nous n'en avons pas.
We're out of stock.	Notre stock est épuisé.
Shall we order it for you?	Désirez-vous qu'on vous le commande?
Will you take it with you or shall we send it?	L'emportez-vous ou faut-il vous l'envoyer?
Anything else?	Autre chose?
That's... dollars, please.	Cela fait... dollars, s'il vous plaît.
We don't accept...	Nous n'acceptons pas...
credit cards **personal checks** **traveler's checks**	les cartes de crédit les chèques bancaires les chèques de voyage
The cashier's over there.	La caisse est là-bas.

Appareils électriques - Accessoires - Disques

Aux Etats-Unis, le courant est alternatif, de 60 cycles sur 110 volts. Pour les prises électriques, il faut des fiches à branches plates. Avant de brancher votre sèche-cheveux ou votre rasoir, vérifiez s'ils s'adaptent bien au système américain.

Je voudrais une prise pour ce/cette...	**I want a plug for this...**	aï want eu pleugh foor ðis
Avez-vous une pile pour ce/cette... ?	**Do you have a battery for this... ?**	dou you hæv eu bæteuri foor ðis
C'est cassé. Pouvez-vous le réparer?	**This is broken. Can you fix it?**	ðis iz **brôô**keun. kæn you fiks it
Quand est-ce que ce sera terminé?	**When will it be ready?**	wèn wil it bii **rè**di
J'aimerais...	**I'd like...**	aïd laïk
amplificateur	**an amplifier**	eun **æm**pleufaïeur
cafetière automatique	**a percolator**	eu **peûr**keuléiteur
fer à repasser pour le voyage	**a travel iron**	eu **træ**veul **aï**eurn
magnétophone	**a tape recorder**	eu téip ri**koor**deur
à cassettes	**cassette tape recorder**	keu**sèt** téip ri**koor**deur
portatif	**portable tape recorder**	**poor**teubeul téip ri**koor**deur
pendule	**a clock**	eu klak
pendule murale	**wall clock**	eu wool klak
pile	**a battery**	eu **bæ**teuri
prise	**a plug**	eu pleugh
raccord	**an adaptor**	eun eu**dæp**teur
radio	**a radio**	eu **réi**diôô
radio pour voiture	**car radio**	kâär **réi**diôô
radio portative	**portable radio**	**poor**teubeul **réi**diôô
rasoir	**a shaver**	eu **chéi**veur
sèche-cheveux	**a hair dryer**	eu hèeur **draï**eur
télévision	**a television**	eu **tè**leuvijeun
en couleur	**color television**	**keu**leur **tè**leuvijeun
portative	**portable television**	**poor**teubeul **tè**leuvijeun
toaster	**a toaster**	eu **tôô**steur
tourne-disques	**a record player**	eu **rè**keurd **pléi**eur
portatif	**portable record player**	**poor**teubeul **rè**keurd **pléi**eur
transformateur	**a transformer**	eu træns**foor**meur

Disques – Cassettes

Avez-vous des disques de... ?	**Do you have any records by... ?**	dou you hæv **è**ni **r**è**keurdz baï
Avez-vous le dernier album de... ?	**Do you have...'s latest album?**	dou you hæv...s **léi**teust **æl**beum
Puis-je écouter ce disque?	**Can I listen to this record?**	kæn aï **li**seun tou ðis **rè**keurd
Je voudrais un/une...	**I'd like a...**	aïd laïk eu
cassette (vierge)	**(blank) cassette**	(blænk) keu**sèt**
disque compact	**compact disc (CD)**	**kam**pækt disk (sii-dii)
vidéo cassette	**video cassette**	**vii**diôô keu**sèt**

33 tours	**L.P.**	**èl**-pii
Super 45 tours	**E.P.**	**ii**-pii
45 tours simple	**single**	**sin**gheul

jazz	**jazz**	djæz
musique campagnarde	**country music**	**keun**tri **myoûzik**
musique classique	**classical music**	**klæ**sikeul **myoûzik**
musique de chambre	**chamber music**	**tchéim**beur **myoûzik**
musique folklorique	**folk music**	fôôk **myoûzik**
musique légère	**light music**	laït **myoûzik**
musique pop	**pop music**	pap **myoûzik**
musique symphonique	**orchestral music**	**oor**keustreu **myoûzik**
negro spirituals	**Negro spirituals**	**nii**ghrôô **spi**ritcheulz
rock	**rock music**	rak **myoûzik**

Bijouterie - Horlogerie

Tous les grands magasins ont un rayon de bijouterie. De même, les prix uniques offrent un riche assortiment de bijoux fantaisie. Si vous voulez faire un joli cadeau, rendez-vous chez un bijoutier.

Questions

Pouvez-vous réparer cette montre?	**Can you repair this watch?**	kæn you ri**pèeur** ðis watch
Le... est cassé.	**The... is broken.**	ðeu... iz **brôô**keun
verre/ressort bracelet/remontoir	**glass/spring** **strap/winder**	ghlæs/spring stræp/**waïn**deur
Je voudrais faire nettoyer cette montre.	**I want this watch cleaned.**	aï want ðis watch kliind
Quand sera-ce terminé?	**When will it be ready?**	wèn wil it bii **rè**di
Pouvez-vous me montrer cela?	**Could I please see that?**	koud aï pliiz sii ðæt
Je ne fais que regarder.	**I'm just looking around.**	aïm djeust **lou**king eu**raound**
Je voudrais un petit cadeau pour...	**I want a small present for...**	aï want eu smool **prè**zeunt foor
Je n'aimerais pas quelque chose de trop cher.	**I don't want anything too expensive.**	aï dôônt want **è**niθing toû iks**pèn**siv
Je voudrais quelque chose de...	**I want something...**	aï want **seum**θing
meilleur meilleur marché plus simple	**better** **cheaper** **simpler**	**bè**teur **tchii**peur **sim**pleur
Est-ce de l'argent véritable?	**Is this sterling silver?**	iz ðis **steû**rling **sil**veur
Avez-vous quelque chose en or?	**Do you have anything in gold?**	dou you hæv **è**niθing in ghôôld

Si c'est en or, posez la question suivante:

Combien de carats?	**How many carats is this?**	haou **mè**ni **kæ**reuts iz ðis

Avant même d'aller chez le bijoutier ou au rayon de bijouterie d'un grand magasin, vous savez sans doute ce que vous voulez. Vous trouverez la matière, puis le nom de l'article en consultant les listes suivantes.

En quelle matière?

acier inoxydable	**stainless steel**	**stéin**leus stiil
ambre	**amber**	**æm**beur
améthyste	**amethyst**	**æ**meuθist
argent	**silver**	**sil**veur
argenté	**silver plate**	**sil**veur pléit
chromé	**chromium**	**krôô**mieum
corail	**coral**	**koo**reul
cristal	**crystal**	**kris**teul
cristal taillé	**cut glass**	keut ghlæs
cuivre	**copper**	**ka**peur
diamant	**diamond**	**daï**meund
ébène	**ebony**	**è**beuni
émail	**enamel**	i**næ**meul
émeraude	**emerald**	**è**meureuld
étain	**pewter**	**pyoû**teur
ivoire	**ivory**	**aï**veuri
jade	**jade**	djéid
onyx	**onyx**	**a**niks
or	**gold**	ghôôld
or en feuille	**gold leaf**	ghôôld liif
perle	**pearl**	peûrl
platine	**platinum**	**plæ**teuneum
rubis	**ruby**	**roû**bi
saphir	**sapphire**	**sæ**faïeur
topaze	**topaz**	**tôô**pæz
turquoise	**turquoise**	**teûr**koïz
verre	**glass**	ghlæs

Qu'est-ce que c'est?

Je voudrais...	**I'd like...**	aïd laïk
argenterie	**some silverware**	seum **sil**veurwèeur
bague	**a ring**	eu ring
bague de fiançailles	**engagement ring**	in**ghéidj**meunt ring
chevalière	**signet ring**	**sigh**neut ring
alliance	**wedding ring**	**wè**ding ring

bracelet	**a bracelet**	eu **bréis**leut
bracelet-chaîne	**chain strap**	tchéin stræp
bracelet de cuir	**leather strap**	**lè**ðeur stræp
bracelet de montre	**watch strap**	watch stræp
bracelet porte-bonheur	**charm bracelet**	tchâârm **bréis**leut
breloque	**a charm**	eu tchâârm
briquet	**a cigarette lighter**	eu sigheu**rèt laï**teur
boucles d'oreilles	**some earrings**	seum **ieur**ringz
bouton de col	**a collar stud**	eu **ka**leur steud
boutons de manchettes	**some cuff-links**	seum **keuf**links
broche	**a brooch**	eu brôôtch
chaîne	**a chain**	eu tchéin
chapelet	**a rosary**	eu **rôô**zeuri
coffret à bijoux	**a jewel box**	eu **djoû**eul baks
coffret de beauté	**a vanity case**	eu **væ**neuti kéiz
collier	**a necklace**	eu **nèk**leus
couverts	**some cutlery**	seum **keut**leuri
croix	**a cross**	eu kros
épingle	**a pin**	eu pin
épingle à cravate	**a tie pin**	eu taï pin
étui à cigarettes	**a cigarette case**	eu sigheu**rèt** kéiz
horloge	**a clock**	eu klak
montre	**a watch**	eu watch
montre de gousset	**pocket watch**	**pa**keut watch
avec aiguille des secondes	**with a second hand**	wið eu **sè**keund hænd
montre-bracelet	**wristwatch**	**rist**watch
pendentif	**a pendant**	eu **pèn**deunt
pince à cravate	**a tie clip**	eu taï klip
portemine	**a mechanical pencil**	eu mi**kæ**nikeul **pèn**seul
poudrier	**a powder compact**	eu **paou**deur **kam**pækt
réveil	**an alarm clock**	eun eu**lâârm** klak
réveil de voyage	**travel clock**	**træ**veul klak
tabatière	**a snuff box**	eu sneuf baks
trousse de manucure	**a manicure set**	eu **mæ**neukyour sèt

Blanchisserie - Teinturerie

S'il n'y a pas de blanchisserie ou de teinturerie à l'hôtel, demandez au portier:

Où est le/la...le/la plus proche?	**Where's the nearest...**	wèeurz ðeu **nieu**reust
blanchisserie	**laundry**	**loon**dri
teinturerie	**dry cleaner**	draï **klii**neur
salon-lavoir	**launderette**	loondeu**rèt**
Je voudrais faire... ces vêtements.	**I want these clothes...**	aï want ðiis klôôðz
laver	**washed**	wocht
nettoyer	**cleaned**	kliind
repasser	**ironed**	**aï**eurnd
repasser à la vapeur	**pressed**	prèst
Quand sera-ce prêt?	**When will it be ready?**	wèn wil it bii **rè**di
Il me le faut...	**I need it...**	aï niid it
aujourd'hui	**today**	teu**déi**
ce soir	**tonight**	teu**naït**
demain	**tomorrow**	teu**marôô**
avant vendredi	**before Friday**	bi**foor fraï**di
Je le voudrais dès que possible.	**I want it as soon as possible.**	aï want it æz soûn æz **pa**seubeul
Pouvez-vous...ceci?	**Can you...this?**	kæn you...ðis
raccommoder/ rapiécer/coudre	**mend/ patch/stitch**	mènd/ pætch/stitch
Pouvez-vous me coudre ce bouton?	**Can you sew on this button?**	kæn you sôô an ðis **beu**teun
Pouvez-vous enlever cette tache?	**Can you get this stain out?**	kæn you ghèt ðis stéin aout
Pouvez-vous le stopper?	**Can this be – invisibly mended?**	kæn ðis bii inviseubli **mèn**deud
Ce n'est pas à moi.	**This isn't mine.**	ðis izeunt maïn
Il manque quelque chose.	**There's one piece missing.**	ðèeurz weun piis **mi**sing
Mon linge est-il prêt?	**Is my laundry ready?**	iz maï **loon**dri **rè**di

Bureau de tabac

Tout comme chez nous les cigarettes sont généralement désignées par leurs marques, connues dans le monde entier. Dans les bureaux de tabac d'une certaine importance, on peut acheter des cigarettes, des cigares et du tabac de pipe étrangers. L'importation de tabac cubain est encore strictement interdite.

Donnez-moi..., s.v.p.	**Give me..., please.**	ghiv mi...pliiz
allumettes	**some matches**	seum **mæ**tcheuz
blague à tabac	**a tobacco pouch**	eu teu**bæ**kôô paoutch
boîte de...	**a box of...**	a baks euv
briquet	**a (cigarette) lighter**	eu (sigheu**rèt**) **laï**teur
de l'essence à briquet	**lighter fluid**	laïteur **floû**eud
du gaz pour le briquet	**lighter gas**	laïteur ghæs
recharge de briquet	**refill for a lighter**	riifil foor eu **laï**teur
cigare	**a cigar**	eu sig**hââr**
cigares	**some cigars**	seum sig**hââr**z
étui à cigarettes	**a cigarette case**	eu sigheu**rèt** kéiz
fume-cigarettes	**a cigarette holder**	eu sigheu**rèt** **hôôl**deur
mèche	**a wick**	eu wik
paquet de cigarettes	**a pack of cigarettes**	eu pæk euv sigheu**rèts**
paquet de...	**a pack of...**	eu pæk euv
pierres à briquet	**some flints**	seum flints
pipe	**a pipe**	eu païp
nettoie-pipes	**some pipe cleaners**	seum païp **klii**neurz
râtelier (à pipes)	**a pipe rack**	eu païp ræk
tabac pour la pipe	**some pipe tobacco**	seum païp teu**bæ**kôô
cure-pipe	**a pipe tool**	eu païp toûl
tabac à chiquer	**some chewing tobacco**	seum **tchoû**ing teu**bæ**kôô
tabac à priser	**some snuff**	seum sneuf
Avez-vous des...?	**Do you have any...?**	dou you hæv **è**ni
cigarettes françaises	**French cigarettes**	frèntch sigheu**rèts**
cigarettes mentholées	**menthol cigarettes**	**mèn**θôôl sigheu**rèts**
J'en prendrai deux paquets.	**I'll take two packs.**	aïl téik toû pæks
J'en aimerais une cartouche.	**I'd like a carton.**	aïd laïk eu **kââr**teun

avec filtre	**filter tipped**	**fil**teur tipt
sans filtre	**without filter**	wiðaout **fil**teur
long format	**king-size**	**king**saïz

Puisque nous parlons cigarettes, supposons que vous vouliez en offrir une:

Voulez-vous une cigarette?	**Would you like a cigarette?**	woud you laïk eu sigheu**rèt**
Prenez une des miennes.	**Have one of mine.**	hæv weun euv maïn
Essayez donc une de celles-ci.	**Try one of these.**	traï weun euv ðiiz
Elles sont très douces.	**They are very mild.**	ðéi ââr **vè**ri maïld
Elles sont un peu fortes.	**They are a bit strong.**	ðéi ââr eu bit strong

Et si l'on vous en offre une...

Merci.	**Thank you.**	θænk you
Non merci.	**No, thanks.**	nôô θænks
Je ne fume pas.	**I don't smoke.**	aï dôônt smôôk
Je ne fume plus.	**I've given it up.**	aïv **ghi**veun it éup

Camping

On trouve des magasins spécialisés dans les équipements de camping à proximité de la plupart des parcs régionaux ou fédéraux. Vous pouvez également les y louer. Voici quelques articles dont vous pourriez avoir besoin:

J'aimerais...	**I'd like...**	aïd laïk
alcool méthylique	**some wood alcohol**	seum woud **æl**keuhool
allumettes	**some matches**	seum **mæ**tcheuz
attirail de pêche	**some fishing tackle**	seum **fi**ching **tæ**keul
boîte à pique-nique	**a picnic case**	eu **pik**nik kéis
bougies	**some candles**	seum **kæn**deulz
bouilloire	**a kettle**	eu **kè**teul
boussole	**a compass**	eu **keum**peus
casserole	**a stewpan**	eu **stoû**pæn
chaise	**a chair**	eu tchèeur
chaise pliable	**folding chair**	**fôôl**ding tchèeur
chaise longue	**deck chair**	dèk tchèeur
ciseaux	**some scissors**	seum **si**zeurz
corde	**some rope**	seum rôôp
couteau d'éclaireur	**a sheathknife**	eu **chiiθ**naïf
couteau de poche	**a penknife**	en **pèn**naïf
couverts	**some cutlery**	seum **keut**leuri
équipement de camping	**some camping equipment**	seum **kæm**ping i**kwip**meunt
gaz butane	**some butane gas**	seum **byoû**téin ghæs
hache	**an axe**	eun æks
hamac	**a hammock**	eu **hæ**meuk
lampe	**a lamp**	eu læmp
lampe de poche	**a flashlight**	eu **flæch**laït
lanterne	**a lantern**	eu **læn**teurn
lit de camp	**a camp bed**	eu kæmp bèd
marmite à pression	**a pressure cooker**	eu **prè**cheur **kou**keur
marteau	**a hammer**	eu **hæ**meur
mât (de tente)	**a tent-pole**	eu **tènt**-pôôl
matelas	**a mattress**	eu **mæ**treus
moustiquaire	**a mosquito net**	eu meus**kii**tôô nèt
musette	**a haversack**	eu **hæ**veursæk
ouvre-bouteilles	**a bottle opener**	eu **ba**teul **ôô**peuneur
ouvre-boîtes	**a can opener**	eu kæn **ôô**peuneur
pétrole	**some kerosene**	seum **kè**reusiin
piquet de tente	**a tent-peg**	eu **tènt**pègh
poêle à frire	**a frying pan**	eu **fraï**ing pæn
réchaud	**a stove**	eu stôôv
réchaud portatif	**primus stove**	**praï**meus stôôv

sac à glace	**an ice-bag**	eun **aïs**bægh
sac de couchage	**a sleeping bag**	eu **slii**ping bægh
sac de montagne	**a knapsack**	eu **næp**sæk
seau	**a bucket**	eu **beu**keut
table	**a table**	eu **téi**beul
table pliante	**folding table**	**fôôl**ding **téi**beul
tapis de sol	**a groundsheet**	eu **ghraound**chiit
tenailles	**some tongs**	seum tangz
tente	**a tent**	eu tènt
thermos	**a thermos bottle**	eu **θeûr**meus **ba**teul
tire-bouchon	**a corkscrew**	eu **koork**skroû
tournevis	**a screwdriver**	eu **skroû**draïveur
trousse à outils	**a tool kit**	eu toûl kit
trousse de premiers secours	**a first-aid kit**	eu feûrst**éid**
vaisselle	**some crockery**	seum **kra**keuri

Vaisselle

assiettes	**plates**	pléits
boîte à vivres	**food box**	foûd baks
gobelets	**tumblers**	**teum**bleurz
sous-tasses	**saucers**	**soo**seurz
tasses	**cups**	keups
timbales	**mugs**	meughz

Couverts

couteaux	**knives**	naïvz
couteaux à dessert	**dessert knives**	di**zeûrt** naïvz
cuillers	**spoons**	spoûnz
cuillers à thé	**teaspoons**	**tii**spoûnz
fourchettes	**forks**	foorks
(en) plastique	**(made of) plastic**	(méid euv) **plæs**tik
(en) acier inoxydable	**(made of) stainless steel**	(méid euv) **stéin**leus stiil

Coiffeur pour dames - Salon de beauté

Y a-t-il un salon de coiffure à l'hôtel?	**Is there a beauty parlor in the hotel?**	iz ðèeur eu **byoûti** **pââr**leur in ðeu hôô**tel**
Puis-je prendre rendez-vous pour jeudi?	**Can I make an appointment for sometime on Thursday?**	kæn aï méik eun eu**poïnt**meunt foor **seum**taïm an **θeûrz**di
J'aimerais une mise en plis.	**I'd like it cut and shaped.**	aïd laïk it keut ænd chéipt

franges	**bangs**	bængz
coupe page	**page-boy style**	**péidj**boï staïl
coupe au rasoir	**a razor cut**	eu **réi**zeur keut
nouvelle coiffure	**a re-style**	eu **rii**staïl
avec des anglaises	**with ringlets**	wið **ring**leuts
ondulé	**with waves**	wið wéivz
chignon bas	**in a bun**	in eu beun

Je voudrais...	**I want...**	aï want
coloration	**a tint**	eu tint
décoloration	**a bleach**	eu bliitch
permanente	**a permanent**	eu **peûr**meuneunt
retouche	**a touch up**	eu **teutch**eup
shampooing colorant	**a color rinse**	eu **keu**leur rins
shampooing-mise en plis	**a shampoo and set**	eu chæm**poû** ænd sèt
teinture	**a dye**	eu daï
même couleur	**the same color**	ðeu séim **keu**leur
nuance plus foncée	**a darker color**	eu **dââr**keur **keu**leur
nuance plus claire	**a lighter color**	eu **laï**teur **keu**leur
châtain roux/blond/brun	**auburn/blond/brunette**	**oo**beurn/bland/broû**nèt**
Avez-vous une échelle de couleurs?	**Do you have a color chart?**	dou you hæv eu **keu**leur tchâârt
Sans laque, je vous prie.	**I don't want any hairspray.**	aï dôônt want **è**ni **hèeur**spréi
Je voudrais me faire soigner les ongles/les pieds.	**I want a manicure/pedicure**	aï want eu **mæ**neukyour/**pè**dikyour
Je voudrais un masque.	**I want a face-pack.**	aï want eu **féis**pæk

POUR LES POURBOIRES, voir page 1

Coiffeur pour messieurs

Je ne parle pas bien l'anglais	**I don't speak much English.**	aï dôônt spiik meutch **ing**ghlich
Je suis pressé.	**I'm in a hurry.**	aïm in eu **heû**ri
Une coupe, s'il vous plaît.	**I want a haircut, please.**	aï want eu **hèeur**keut pliiz
Pourriez-vous me raser ?	**I'd like a shave.**	aïd laïk eu chéiv
Pas trop court.	**Don't cut it too short.**	dôônt keut it toû choort
Seulement avec les ciseaux, je vous prie.	**Scissors only, please.**	**si**zeurz **ôôn**li pliiz
Une coupe au rasoir, s'il vous plaît.	**A razor cut, please.**	eu **réi**zeur keut pliiz
Ne passez pas la tondeuse.	**Don't use the clippers.**	dôônt yoûz ðeu **kli**peurz
C'est pour rafraîchir.	**Just a trim, please.**	djeust eu trim pliiz
C'est assez court.	**That's enough off.**	ðæts i**neuf** oof
Coupez encore un peu...	**A little more off the...**	eu **li**teul moor oof ðeu
en arrière	**back**	bæk
dans la nuque	**neck**	nèk
sur le côtés	**sides**	saïdz
dessus	**top**	tap
Pas de brillantine, s'il vous plaît.	**Please don't use any oil.**	pliiz dôônt yoûz **è**ni oïl
Voulez-vous, je vous prie, me rafraîchir...	**Would you please trim my...?**	woud you pliiz trim maï
la barbe	**beard**	biird
la moustache	**moustache**	**meus**tæch
les favoris	**sideburns**	**saïd**beûrnz

Habillement

Si vous désirez acheter quelque chose de précis, mieux vaut préparer votre achat en consultant la liste des vêtements, page 121. Réfléchissez à la couleur, au tissu et à la taille que vous désirez. Puis reportez-vous aux pages suivantes.

Généralités

Je voudrais...	**I'd like...**	aïd laïk
Je voudrais... pour un garçon de 10 ans.	**I want... for a 10-year-old boy.**	aï want... foor eu 10 yieur ôôld boï
Je voudrais quelque chose comme ceci.	**I want something like this.**	aï want **seum**θing laïk ðis
Celle/Celui de la vitrine me plaît.	**I like the one in the window.**	aï laïk ðeu weun in ðeu **win**dôô
Combien vaut le yard?	**How much is that per yard?**	haou meutch iz ðæt peur yâârd

12 inches (in.) (pouces) = 1 foot (ft.) (pied)   3 feet = 1 yard (yd.)

1 centimètre = 0,39 in.	1 inch = 2,54 cm
1 mètre = 39,37 in.	1 foot = 30,5 cm
10 mètres = 32,81 ft.	1 yard = 0,91 m

Couleur

Je désire quelque chose en...	**I want something in...**	aï want **seum**θing in
J'aimerais une nuance plus foncée.	**I want a darker shade.**	aï want eu **dââr**keur chéid
J'aimerais quelque chose qui aille avec ceci.	**I want something to match this.**	aï want **seum**θing tou mætch ðis
Je n'aime pas la couleur.	**I don't like the color.**	aï dôônt laïk ðeu **keu**leur

argent	**silver**	**sil**veur
beige	**beige**	béij
blanc	**white**	waït
bleu	**blue**	bloû
brun	**brown**	braoun
crème	**cream**	kriim
écarlate	**scarlet**	**skââr**leut
fauve	**fawn**	foon
gris	**gray**	ghréi
jaune	**yellow**	**yè**lôô
marron	**tan**	tæn
mauve	**mauve**	môôv
noir	**black**	blæk
or	**gold**	ghôôld
orange	**orange**	areundj
rose	**pink**	pink
rouge	**red**	rèd
rouge vif	**crimson**	**krim**zeun
turquoise	**turquoise**	**teûr**koïz
vert	**green**	ghriin
vert émeraude	**emerald**	**è**meureuld
violet	**purple**	**peûr**peul

stripes
(straïps)

polka dots
(**pôô**keu dats)

checks
(tchèks)

a pattern
(eu **pæ**teurn)

Tissus

Avez-vous quelque chose en ... ?	**Do you have anything in ... ?**	dou you hæv **è**niθing in
J'aimerais une blouse en coton.	**I want a cotton blouse.**	aï want eu **ka**teun blaous
Est-ce ... ?	**Is that ... ?**	iz ðæt
fabriqué ici	**made here**	méid hieur
fait à la main	**handmade**	**hænd**méid
importé	**imported**	im**poor**teud
Je voudrais quelque chose de plus fin.	**I want something thinner.**	aï want **seum**θing **θi**neur
Avez-vous une meilleure qualité ?	**Do you have any better quality ?**	dou you hæv **è**ni **bè**teur **kwa**leuti

En quoi est-ce?	**What's it made of?**	wats it méid euv

Ce peut être en...

batiste	**cambric**	**kæm**brik
chiffon	**chiffon**	chi**fan**
coton	**cotton**	**ka**teun
crêpe	**crepe**	kréip
crépon	**seersucker**	**sieur**seukeur
cuir	**leather**	**lè**ðeur
dacron	**dacron**	**déi**kran
daim	**suede**	swéid
dentelle	**lace**	léis
feutre	**felt**	fèlt
flanelle	**flannel**	**flæ**neul
gabardine	**gabardine**	ghæbeur**diin**
laine	**wool**	woûl
nylon	**nylon**	**naï**lan
peigné	**worsted**	**wous**teud
piqué	**pique**	pi**kéi**
poil de chameau	**camel-hair**	**kæ**meul hèeur
popeline	**poplin**	**pap**leun
rayonne	**rayon**	**réi**an
satin	**satin**	**sæ**teun
serge	**serge**	seûrdj
soie	**silk**	silk
taffetas	**taffeta**	**tæ**feuteu
tissu bouclé	**terrycloth**	**tè**rikloθ
tissu éponge	**towelling**	**taou**euling
toile de lin	**linen**	**li**neun
tulle	**tulle**	toûl
tweed	**tweed**	twiid
velvantine	**velveteen**	vèlveu**tiin**
velours	**velvet**	**vèl**veut
velours côtelé	**corduroy**	**koor**deuroï
velours de laine	**velour**	veu**loûr**

Taille

J'ai la taille 38.	**My size is 38.**	maï saïz iz 38
Les tailles sont différentes dans mon pays. Pouvez-vous prendre mes mesures?	**Our sizes are different at home. Could you measure me?**	aoueur **saï**zeuz ââr **di**freunt æt hôôm. koud you **mè**jeur mi
Je ne connais pas les tailles américaines.	**I don't know the American sizes.**	aï dôônt nôô ðeu eu**mè**reukeun **sai**zeuz

Voici votre taille

Dames

Robes/Ensembles						
Amérique	10	12	14	16	18	20
Europe	38	40	42	44	46	48

Bas						
Amérique	8	8½	9	9½	10	10½
Europe	0	1	2	3	4	5

Chaussures				
Amérique	6	7	8	9
Europe	36	38	38½	40

Messieurs

Costumes/Pardessus					
Amérique	36	38	40	42	44
Europe	46	48	50	52	54

Chemises					
Amérique	14	15	16	17	18
Europe	36	38	41	43	45

Chaussures									
Amérique	5	6	7	8	8½	9	9½	10	11
Europe	38	39½	40½	42	42½	43	43½	44	45

N.B. En Amérique du Nord comme en Europe, les tailles peuvent varier quelque peu d'un pays à l'autre. Les tableaux ci-dessus ne représentent donc que des approximations.

Un bon essayage?

Puis-je l'essayer?	**Can I try it on?**	kæn aï traï it an
Où est la cabine d'essayage?	**Where's the fitting room?**	wèeurz ðeu **fi**ting roûm
Y a-t-il un miroir?	**Is there a mirror?**	iz ðèeur eu **mi**reur
Est-ce ma taille?	**Does it fit?**	deuz it fit
Cela vous va très bien.	**It fits very well.**	it fits **vè**ri wèl
Cela ne vous va pas.	**It doesn't fit.**	it **deu**zeunt fit

POUR LES NOMBRES, voir page 175

C'est trop...	**It's too...**	its toû
court/long serré/ample	**short/long tight/loose**	choort/long taït/loûs
Combien de temps faut-il attendre pour la retouche?	**How long will it take to alter?**	haou long wil it téik tou **ool**teur

Chaussures

J'aimerais une paire de...	**I'd like a pair of...**	aïd laïk eu pèeur euv
chaussures/sandales bottes/pantoufles caoutchoucs	**shoes/sandals boots/slippers rubbers**	choûz/**sæn**deulz boûts/**sli**peurz **reu**beurz
Ceux-ci/Celles-ci sont trop...	**These are too...**	ðiiz ââr toû
étroit(e)s/larges grand(e)s/petit(e)s	**narrow/wide large/small**	**næ**rôô/waïd lâârdj/smool
Ils/Elles serrent aux orteils.	**They pinch my toes.**	ðéi pintch maï tôôz
Avez-vous une pointure plus grande?	**Do you have a larger size?**	dou you hæv eu **lââr**djeur saïz
J'aimerais une pointure plus petite.	**I want a smaller size.**	aï want eu **smoo**leur saïz
Avez-vous les mêmes en...?	**Do you have the same in...?**	dou you hæv ðeu séim in
brun/beige noir/blanc daim	**brown/beige black/white suede**	braoun/béij blæk/waït swéid

Vos souliers sont usés? Voici le moyen de les faire réparer:

Pouvez-vous réparer ces souliers?	**Can you repair these shoes?**	kæn you ri**pèeur** ðiiz choûz
Pouvez-vous recoudre ceci?	**Can you stitch this?**	kæn you stitch ðis
J'aimerais que vous changiez les semelles et les talons.	**I want new soles and heels.**	aï want noû sôôlz ænd hiilz
Quand seront-ils terminés?	**When will they be ready?**	wèn wil ðéi bii **rè**di

Liste de vêtements et d'accessoires

J'aimerais...	**I'd like...**	aïd laïk
anorak	**a parka**	eu **par**keu
bas	**some stockings**	seum **sta**kingz
bikini	**a bikini**	eu bi**kii**ni
blazer	**a blazer**	eu **bléi**zeur
blouse	**a blouse**	eu blaous
blouson de sport	**a sweatshirt**	eu **swèt**cheûrt
boléro	**a bolero**	eu beu**lè**rôô
bonnet/casquette	**a cap**	eu kæp
bonnet de bain	**a bathing cap**	eu **béi**ðing kæp
bottines de caoutchouc	**some galoshes**	seum gheu**la**chiz
caleçon	**some underpants**	seum **eun**deurpænts
cardigan	**a cardigan**	eu **kââr**digheun
ceinture	**a belt**	eu bèlt
chandail	**a sweater**	eu **swè**teur
chapeau	**a hat**	eu hæt
chaussettes	**some socks**	seum saks
chaussures	**some shoes**	seum choûz
de gymnastique	**gym shoes**	djim choûz
de tennis	**tennis shoes**	**tè**neus choûz
chemise/chemisier	**a shirt**	eu cheûrt
chemise de nuit	**a night gown**	eu naït ghaoun
collant	**some panty hose**	seum **pæn**ti hôôz
complet	**a suit**	en soût
cravate	**a necktie**	eu **nèk**taï
écharpe	**a stole**	eu stôôl
ensemble	**a suit**	eu soût
ensemble pull et cardigan	**a twin set**	eu twin sèt
espadrilles	**some sneakers**	seum **snii**keurz
foulard	**a scarf**	eu skâârf
gaine	**a girdle**	eu **gheûr**deul
gaine-culotte	**a panty girdle**	eu **pæn**ti **gheûr**deul
gants	**some gloves**	seum ghleuvz
gilet	**a vest**	eu vèst
jarretelles	**some garters**	seum **ghââr**teurz
jean	**some jeans**	seum djiinz
jupe	**a skirt**	eu skeûrt
jupon	**a slip**	eu slip
lingerie	**some lingerie**	seum landjeu**réi**
maillot de corps	**an undershirt**	eun **eun**deurcheûrt
maillot de bain	**a bathing suit**	eu **béi**ðing soût
manteau	**a coat**	eu kôôt

manteau de fourrure	**a fur coat**	eu feûr kôôt
manteau de pluie	**a raincoat**	eu **réin**kôôt
mouchoir	**a handkerchief**	eu **hæn**keurtchif
négligé	**a negligé**	eu nègleu**jéi**
nœud papillon	**a bow tie**	eu bôô taï
pantalon	**some pants**	seum pænts
pantoufles	**some slippers**	seum **sli**peurz
pardessus	**an overcoat**	eun **ôô**veurkôôt
peignoir	**a robe**	eu rôôb
peignoir de bain	**a bath robe**	eu bæθ rôôb
pélerine (cape)	**a cape**	eu kéip
porte-jarretelles	**a garter belt**	eu **ghââr**teur bèlt
pull	**a jersey**	eu **djeûr**zi
pyjama	**some pyjamas**	seum peu**djââ**meuz
robe	**a dress**	eu drès
robe de chambre	**a dressing gown**	eu **drè**sing ghaoun
robe d'intérieur	**a housecoat**	eu **haous**kôôt
robe du soir	**an evening dress**	eun **iiv**ning drès
salopette	**some overalls**	seum **ôô**veuroolz
sandales	**some sandals**	seum **sæn**deulz
shorts	**some shorts**	seum choorts
slip	**some briefs**	seum briifs
slip (de femme)	**some panties**	seum **pæn**tiz
smoking	**a tuxedo**	eu teuk**sii**dôô
soutien-gorge	**a bra**	eu brââ
survêtement	**a track suit**	eu træk soût
tricot	**a jumper**	eu **djeum**peur
T-shirt	**a T-shirt**	eu **tii**cheûrt
veste de sport	**a sports jacket**	eu spoorts **djæ**keut
veston	**a jacket**	eu **djæ**keut

boucle	**buckle**	**beu**keul
bouton	**button**	**beu**teun
ceinture	**belt**	bèlt
col	**collar**	**ka**leur
doublure	**lining**	**laï**ning
élastique	**elastic**	i**læs**tik
fermeture éclair	**zipper**	**zi**peur
lacets de chaussure	**shoe laces**	choû **léi**seuz
manche	**sleeve**	sliiv
manchettes	**cuffs**	keufs
ourlet	**hem**	hèm
poche	**pocket**	**pa**keut
revers	**lapel**	leu**pèl**
ruban	**ribbon**	**ri**beun

GUIDE DES ACHATS

Librairie - Papeterie - Journaux

En Amérique, les librairies et les papeteries sont en général distinctes. Les journaux et les illustrés sont en vente aux kiosques à journaux, bien que certaines librairies soient spécialisées dans les publications étrangères. En plus des journaux franco-canadiens, il existe de nombreux périodiques en français publiés aux Etats-Unis mêmes.

Où est le/la... le/la plus proche?	**Where's the nearest...?**	wèeurz ðeu **nieu**reust
librairie	**bookstore**	**bouk**stoor
marchand de journaux	**newsstand**	**noûz**stænd
papeterie	**stationery store**	**stéi**cheunèri stoor
Pouvez-vous me recommander une bonne librairie?	**Can you recommend a good bookstore?**	kæn you rèkeu**mènd** eu ghoud **bouk**stoor
Où puis-je acheter un journal français?	**Where can I buy a French newspaper?**	wèeur kæn aï baï eu frèntch **noûz**péipeur
Je voudrais acheter...	**I want to buy...**	aï want tou baï
bloc-notes	**a notebook**	eu **nôôt**bouk
boîte de peinture	**a box of paints**	eu baks euv péints
cahier	**an exercise book**	eun **èk**seursaïz bouk
carnet d'adresses	**an address book**	eun eu**drès** bouk
carte (géographique)	**a map**	eu mæp
carte routière de...	**a road map of...**	eu rôôd mæp euv
cartes à jouer	**some playing cards**	seum **pléi**ing kâârdz
cartes postales	**some postcards**	seum **pôôst**kâârdz
classeur	**a file**	eu faïl
colle	**some glue**	seum ghloû
craies	**some crayons**	seum **kréi**anz
crayon	**a pencil**	eu **pèn**seul
dictionnaire	**a dictionary**	eu **dik**cheuneuri
français-anglais	**French-English**	frèntch-**ing**ghlich
anglais-français	**English-French**	**ing**ghlich-frèntch
de poche	**pocket dictionary**	pakeut **dik**cheuneuri
de l'encre	**some ink**	seum ink
noire/rouge/bleue	**black/red/blue**	blæk/rèd/bloû
enveloppes	**some envelopes**	seum **èn**veulôôps
étiquettes	**some labels**	seum **léi**beulz
feuilles de petit format	**some note paper**	seum nôôt **péi**peur
ficelle	**some string**	seum string

GUIDE DES ACHATS

gomme	**an eraser**	eun **iréi**seur
grammaire	**a grammar book**	eu **ghræ**meur bouk
guide (livre)	**a guidebook**	eu **ghaïd** bouk
journal français	**a newspaper French**	eu **noûz**péipeur frèntch
livre	**a book**	eu bouk
livre de poche	**a paperback**	eu **péi**peurbæk
papier à dessin	**some drawing paper**	seum **drooing péi**peur
papier à esquisses	**a sketching pad**	eu **skè**tching pæd
papier à lettres	**a writing pad**	eu **raï**ting pæd
papier à machine	**some typing paper**	seum **taï**ping **péi**peur
papier-calque	**some tracing paper**	seum **tréi**sing **péi**peur
papier carbone	**some carbon paper**	seum **kââr**beun **péi**peur
papier collant transparent	**some cellophane tape**	seum **sè**leuféin téip
papier d'emballage	**some wrapping paper**	seum **rœ**ping **péi**peur
papier de soie	**some tissue paper**	seum **ti**choû **péi**peur
plan de la ville	**a map of the town**	eu mæp euv ðeu taoun
punaises	**some thumbtacks**	seum **θeum**tæks
recharge (pour stylo)	**a refill (for a pen)**	eu **rii**fil (foor eu pèn)
règle	**a ruler**	eu **roû**leur
revue	**a magazine**	eu **mæ**gheuziin
ruban de machine à écrire	**a typewriter ribbon**	eu **taïp**wraïteur **ri**beun
serviettes en papier	**some paper napkins**	seum **péi**peur **næp**keunz
stylo	**a pen**	eu pèn
stylo à bille	**a ballpoint pen**	eu **bool**poïnt pèn
stylo à réservoir	**a fountain pen**	eu **faoun**teun pèn
taille-crayon	**a pencil sharpener**	eu **pèn**seul **chââr**peuneur
Où est le rayon des guides de voyage?	**Where's the guide-book section?**	wèeurz ðeu **ghaïd**bouk **sèk**cheun
Où sont les livres français?	**Where do you keep the French books?**	wèeur dou you kiip ðeu frèntch bouks
Avez-vous des livres de... en français?	**Have you any of...'s books in French?**	hæv you **èni** euv...'s bouks in frèntch

Voici quelques écrivains américains contemporains dont les livres ont été traduits en français:

James Baldwin
Saul Bellow
Mary McCarthy
Norman Mailer
Barnard Malamud
Joyes Carol Oates
Philip Roth
J. D. Salinger
John Updike
Kurt Vonnegut Jr.

Pharmacie – Drugstore

Très répandu aux Etats-Unis, le *drugstore* est pourvu d'un grand choix d'articles (films, bonbons, cigarettes, montres, produits de beauté, cartes de vœux, glaces, bijoux, livres de poche, jouets, parfois même alcool). A l'origine, c'est évidemment une pharmacie qui exécute les ordonnances médicales et vend des médicaments.

De nombreux drugstores comportent également un restaurant avec service au bar et des téléphones publics. Ils restent ouverts plus longtemps que d'autres magasins, certains même ferment très tard…ou pas du tout.

Sauf en cas d'urgence, les pharmaciens américains n'exécutent pas les ordonnances des médecins étrangers.

Nous avons divisé ce chapitre en deux parties:

1. Pharmacie, premiers soins
2. Articles de toilette, produits de beauté

Généralités

Où est la pharmacie (de garde) la plus proche?	**Where's the nearest (all-night) druggist?**	wèeurz ðeu **nieu**reust (**ool**naït) **dreu**ghist
A quelle heure ouvre/ferme la pharmacie?	**What time does the drugstore open/close?**	wat taïm deuz ðeu **dreugh**stoor **ôô**peun/klôôz

1. Pharmacie

Je voudrais quelque chose contre…	**I want something for…**	aï want **seum**θing foor
le rhume/la toux	**a cold/a cough**	eu kôôld/eu kof
le rhume des foins	**hay fever**	héi **fii**veur
la «gueule de bois»	**a hangover**	eu **hæng**ôôveur
les coups de soleil	**sunburn**	**seun**beûrn
le mal du voyage	**travel sickness**	**træ**veul **sik**neus
les maux d'estomac	**an upset stomach**	eun **eu**psèt **steu**meuk
Pouvez-vous exécuter cette ordonnance?	**Can you make up this prescription for me?**	kæn you méik eup ðis pris**krip**cheun foor mi
Faut-il attendre?	**Shall I wait?**	chæl aï wéit

GUIDE DES ACHATS

Quand dois-je repasser?	**When shall I come back?**	wèn chæl aï keum bæk
Puis-je avoir...?	**Can I have...?**	kæn aï hæv
ammoniaque	**some ammonia**	seum eu**môô**nieu
aspirine	**some aspirin**	seum **æs**peureun
bandage	**some bandage**	seum **bæn**didj
bande de gaze	**some gauze bandage**	seum ghooz **bæn**didj
collutoire	**some mouthwash**	seum **maouθ**woch
compresses adhésives	**some Band-Aids**	seum **bænd**éidz
comprimés vitaminés	**some vitamin pills**	seum **vaï**teumeun pilz
contraceptifs	**some contraceptives**	seum kantreu**sèp**tivz
coricides	**some corn plasters**	seum koorn **plæs**teurz
désinfectant	**a disinfectant**	eu disin**fèk**teunt
fortifiant	**a tonic**	eu **ta**nik
gargarisme	**some gargle**	seum **ghââr**gheul
gaze	**some gauze**	seum ghooz
gouttes pour les oreilles	**some ear drops**	seum ieur draps
huile de ricin	**some castor oil**	seum **kæs**teur oïl
insecticide	**some insect repellent**	seum in**sèkt** ri**pè**leunt
iode	**some iodine**	seum **aï**eudaïn
laxatif	**a laxative**	eu **læk**seutiv
mouchoirs en papier	**some tissues**	seum **ti**choûz
ouate	**some cotton wool**	seum **ka**teun woûl
pastilles pour la gorge	**some throat lozenges**	seum θrôôt **la**zeundjeuz
pilules pour diabétiques	**some diabetic lozenges**	seum daïeu**bè**tik **la**zeundjeuz
pilules digestives	**some stomach pills**	seum **steu**meuk pilz
pilules pour maigrir	**some weight-reducing tablets**	seum wéit ri**doû**sing **tæ**bleuts
pommade antiseptique	**some antiseptic cream**	seum ænteu**sèp**tik kriim
serviettes hygiéniques	**some sanitary napkins**	seum **sæ**neuteuri **næp**keunz
sirop contre la toux	**some cough drops**	seum kof draps
somnifère	**some sleeping pills**	seum **slii**ping pilz
tablettes de calcium	**some calcium tablets**	seum **kæl**sieum **tæ**bleuts
thermomètre	**a thermometer**	eu θeur**ma**meuteur
tranquillisants	**some tranquilizers**	seum **træn**kweulaïzeurz
trousse de premiers secours	**a first-aid kit**	eu feurst éid kit

2. Articles de toilette

J'aimerais...	**I'd like...**	aïd laïk
astringent	**an astringent**	eun eus**trin**djeunt
blaireau	**a shaving brush**	eu **chéi**ving breuch
brosse à dents en soie/en nylon	**a toothbrush bristle/nylon**	eu **toûθ**breuch **bri**seul/**naï**lan
brosse à ongles	**a nail brush**	eu néil breuch
ciseaux à ongles	**some nail scissors**	seum néil **si**zeurz
cold cream	**some cold cream**	seum kôôld kriim
coupe-ongles	**some nail clippers**	seum néil **kli**peurz
crayon pour les yeux	**an eye pencil**	eun aï **pèn**seul
crème	**some cream**	seum kriim
crème contre l'acné	**some acne cream**	seum **æk**ni kriim
crème pour les cuticules	**some cuticle cream**	seum **kyoû**tikeul kriim
crème aux enzymes	**some enzyme cream**	seum **èn**zaïm kriim
crème de base	**some foundation cream**	seum faoun**déi**cheun kriim
crème hydratante	**some moisturizing cream**	seum **moïs**tcheuraaïzing kriim
crème pour les mains	**some hand cream**	seum hænd kriim
crème de nuit	**some night cream**	seum naït kriim
crème pour les pieds	**some foot cream**	seum fout kriim
crème à raser	**some shaving cream**	seum **chéi**ving kriim
crème solaire	**some sun-tan cream**	seum **seun**tæn kriim
désodorisant en atomiseur/à bille/en bâton	**some deodorant spray/roll-on/ stick**	seum dii**ôô**deureunt spréi/**rôô**lan/stik
dissolvant	**some nail polish remover**	seum néil **pa**lich ri**moû**veur
eau de Cologne	**some cologne**	seum keu**lôôn**
eau de toilette	**some toilet water**	seum **toï**leut **woo**teur
émollient pour cuticules	**some cuticle remover**	seum **kyoû**tikeul ri**moû**veur
épingles de sûreté	**some safety pins**	seum **séif**ti pinz
éponge	**a sponge**	eu speundj
fard à joues	**some rouge**	seum roûj
fard à paupières	**some eye shadow**	seum aï **chæ**dôô
fortifiant pour les ongles	**some nail strengthener**	seum néil **strèngθ**euneur
gant de toilette	**a washcloth**	eu **woch**kloθ
houpette	**a powder puff**	eu **paou**deur peuf
huile solaire	**some sun-tan oil**	seum **seun**tæn oïl
lait démaquillant	**some cleansing cream**	seum **klen**zing kriim

lime à ongles	**a nail file**	eu néil faïl
lotion après rasage	**some after-shave lotion**	seum **æf**teurchéiv **lôô**cheun
mascara	**some mascara**	seum mæs**kæ**reu
masque facial	**a face pack**	eu féis pæk
mouchoirs de papier	**some tissues**	seum **ti**choûz
papier d'émeri	**an emery board**	eun **è**meuri boord
papier hygiénique	**some toilet paper**	seum **toï**leut **péi**peur
parfum	**some perfume**	seum **peur**fyoûm
pâte dentifrice	**some toothpaste**	seum **toûθ**péist
pince à épiler	**some tweezers**	seum **twii**zeurz
pinceau pour rouge à lèvres	**a lipstick brush**	eu **lip**stik breuch
pommade pour les lèvres	**some lipsalve**	seum **lip**sæv
poudre	**some powder**	seum **paou**deur
poudre dentifrice	**some toothpowder**	seum **toûθ**paoudeur
rouge à lèvres	**some lipstick**	seum **lip**stik
savon	**some soap**	seum sôôp
savon à barbe	**some shaving soap**	seum **chéi**ving sôôp
sels de bain	**some bath salts**	seum bæθ soolts
sels de bain en cubes	**some bath cubes**	seum bæθ kyoûbz
serviettes démaquillantes	**some make-up remover pads**	seum **méi**keup ri**moû**veur pædz
serviette de toilette	**a towel**	eu **taou**eul
shampooing	**some shampoo**	seum shæm**poû**
talc	**some talcum powder**	seum **tæl**keum **paou**deur
traceur liquide	**an eye liner**	eun aï **laï**neur
trousse de maquillage	**a make-up bag**	eu **méi**keup bægh
vernis à ongles	**some nail polish**	seum néil **pa**lich

Pour vos cheveux

bigoudis	**hair curlers**	hèeur **keû**rleurz
brosse	**hair brush**	hèeur breuch
épingles à cheveux	**hairpins/bobby pins**	**hèeur**pinz/**ba**bi pinz
filet	**hair net**	hèeur nèt
fixatif	**hair setting lotion**	hèeur **sè**ting **lôô**cheun
huile	**hair oil**	hèeur oïl
laque	**hair lacquer/spray**	hèeur **læ**keur/spréi
peigne	**comb**	kôôm
perruque	**wig**	wigh
pinces à cheveux	**grips**	ghrips
rouleaux	**rollers**	**rôô**leurz
shampooing colorant	**coloring**	**keu**leuring
teinture	**dye/tint**	daï/tint

Photographie

On n'utilise que le code ASA pour les films. Si vous avez l'habitude du système DIN, tâchez de connaître le numéro ASA des films que vous achetez.

Je voudrais un appareil de photo bon marché.	**I want an inexpensive camera.**	aï want eun iniks**pèn**siv **kæ**meureu
Montrez-moi celui qui est dans la vitrine.	**Show me that one in the window.**	chôô mi ðæt weun in ðeu **win**dôô

Films

J'aimerais...	**I'd like a...**	aïd laïk eu
cartouche	**cartridge**	**kâârt**ridj
film pour cet appareil	**film for this camera**	film foor ðis **kæ**meureu
chargeur de 110	**110 film**	weun tèn film
pellicule de 120 (6×6)	**120 film**	weun **twèn**ti film
chargeur de 126	**126 film**	weun **twèn**ti-siks film
pellicule de 127 (4×4)	**127 film**	weun **twèn**ti-**sè**veun film
cartouche de 135 (24×36)	**135 film**	weun **θeûr**ti-faïv film
bobine de 620 (6×6)	**620 film**	siks **twèn**ti film
film Polaroid	**Polaroid film**	**pôô**leuroïd film
double 8	**double 8-mm.**	**deu**beul éit **mi**leumiiteur
super 8	**super 8-mm.**	**soû**peur éit **mi**leumiiteur
8 mm simple	**single 8-mm.**	**sing**gheul éit **mi**leumiiteur
film professionnel (16 mm)	**16-mm. film**	siks**tiin** **mi**leumiiteur film
20/36 poses	**20/36 exposures**	**twèn**ti/**θeûr**ti-siks iks**pôô**jeurz
sensibilité ASA...	**ASA number...**	éi-ès-éi **neum**beur
rapide/à grain fin	**fast/fine grain**	fæst/faïn ghréin
noir et blanc	**black and white**	blæk ænd waït
négatif couleur	**color negative**	**keu**leur **nè**gheutiv
diapositives couleur	**color slide**	**keu**leur slaïd
pour lumière artificielle	**artificial light type**	âârteu**fi**cheul laït taïp
pour lumière du jour	**daylight type**	**déi**laït taïp
Est-ce que le développement est inclus?	**Does the price include processing?**	deuz ðeu praïs in**kloûd** **pra**sèsing

Remarque: Habituellement, le développement n'est pas inclus dans le prix des films en couleurs.

POUR LES NOMBRES, voir page 175

Développement

Combien coûte(nt) le développement/les épreuves?	**How much do you charge for developing/printing?**	haou meutch dou you tchâârdj foor di**vè**leuping/ **prin**ting
Je voudrais... épreuves de chaque négatif.	**I want... prints of each negative.**	aï want... prints euv iitch **nè**gheutiv
glacé/mat	**with a glossy/mat finish**	wið eu **ghla**si/mæt **fi**nich
Veuillez en faire un agrandissement.	**Will you please enlarge this?**	wil you pliiz in**lâârdj** ðis
Quand est-ce que ce sera terminé?	**When will it be ready?**	wèn wil it bii **rè**di

Accessoires

Je voudrais...	**I want...**	aï want
ampoules flash	**some flash bulbs**	seum flæch beulbz
capuchon	**a lens cap**	eu lènz kæp
cubes flash	**some flash cubes**	seum flæch kyoûbz
filtre	**a filter**	eu **fil**teur
rouge/jaune	**red/yellow**	rèd/**yè**lôô
ultra-violet (UV)	**ultra-violet**	eultreuv**aï**euleut
nettoie-objectifs	**some lens cleaners**	seum lènz **klii**neurz

Abîmé

Cet appareil ne fonctionne pas. Pouvez-vous le réparer?	**This camera doesn't work. Can you repair it?**	ðis **kæ**meureu **deu**zeunt weûrk. kæn you ri**pèeur** it
La pellicule est coincée.	**The film is jammed.**	ðeu film iz djæmd
Le bouton ne tourne pas.	**The knob won't turn.**	ðeu nab wôônt teûrn
J'ai des ennuis avec le/la...	**There's something wrong with the...**	ðèeurz **seum**θing rong wið ðeu
bouton de rebobinage	**film winder**	film **waïn**deur
compteur d'images	**exposure counter**	iks**pôô**jeur **kaoun**teur
objectif	**lens**	lènz
obturateur	**shutter**	**cheu**teur
posemètre	**lightmeter**	**laït**miiteur
support du flash	**flash attachment**	flæch eu**tætch**meunt
télémètre	**rangefinder**	**réindj**faïndeur

Provisions

Voici une liste des principaux aliments et boissons dont vous pourriez avoir besoin lors d'un pique-nique ou d'un repas improvisé à la maison.

Je voudrais..., s'il vous plaît.	**I'd like some..., please.**	aïd laïk seum... pliiz
bananes	**bananas**	beu**næ**neuz
beurre	**butter**	**beu**teur
biscuits	**cookies**	**kou**kiz
biscuits secs	**crackers**	**kræ**keurz
bonbons	**candy**	**kæn**di
café	**coffee**	**ko**fi
charcuterie mêlée	**cold cuts**	kôôld keuts
chips	**potato chips**	peu**téi**tôô tchips
chocolat	**chocolate**	**tchak**leut
citrons	**lemons**	**lè**meunz
concombres	**cucumbers**	**kyoû**keumbeurz
crème	**cream**	kriim
farine	**flour**	**flaou**eur
fromage	**cheese**	tchiiz
fromage à tartiner	**cheese spread**	tchiiz sprèd
gâteau	**cake**	kéik
glace	**ice-cream**	**aïs**kriim
graisse à cuire	**cooking fat**	**kou**king fæt
hamburgers	**hamburgers**	**hæm**beûrgheurs
jambon	**ham**	hæm
ketchup	**ketchup**	**kè**tcheup
lait	**milk**	milk
laitue	**lettuce**	**lè**teus
légumes au vinaigre	**pickles**	**pi**keulz
limonade	**lemonade**	lèmeu**néid**
mortadelle	**luncheon meat**	**leun**tcheun miit
moutarde	**mustard**	**meus**teurd
œufs	**eggs**	èghz
oranges	**oranges**	**a**reundjeuz
pain	**bread**	brèd
petits pains	**rolls**	rôôlz
poivre	**pepper**	**pè**peur
pommes	**apples**	**æ**peulz
pommes de terre	**potatoes**	peu**téi**tôôz
porc	**pork**	poork
salade	**salad**	**sæ**leud
salami	**salami**	seu**la**mi
sandwiches	**sandwiches**	**sænd**witcheuz

saucisses	**sausages**	**soo**sidjeuz
saucisse de foie	**liver sausage**	**li**veur **soo**sidj
saucisses de Francfort	**frankfurters**	**fræŋk**feurteurz
sel	**salt**	soolt
soupe	**soup**	soûp
spaghetti	**spaghetti**	speu**ghè**ti
sucre	**sugar**	**chou**gheur
thé	**tea**	tii
tomates	**tomatoes**	teu**méi**tôôz

Et n'oubliez pas...

des allumettes	**matches**	**mæ**tcheuz
un décapsuleur	**a bottle opener**	eu **ba**teul **ôô**peuneur
un ouvre-boîtes	**a can opener**	eu kæn **ôô**peuneur
des serviettes (en papier)	**(paper) napkins**	(**péi**peur) **næp**keunz
un tire-bouchon	**a corkscrew**	eu **koork**skroû

Poids et mesures

16 (20) onces (oz.) = 1 pinte (pt.)   2 pintes (pt.) = 1 quart (qt.)

100 g = 3,5 oz.   ½ kg = 1,1 livre (lb.)
200 g = 7,0 oz.   1 kg = 2,2 lb.

1 oz. = 28,35 g   1 lb. = 453,60 g

4 quarts (qt.) = 1 gallon (gal.)   1 quart = 0,95 (1,14) l
1 litre (l) = 1,06 (0,88) quarts   1 gallon = 3,8 (4,5) l

Les chiffres entre parenthèses représentent les normes canadiennes.

boîte	**box**	baks
boîte de conserves	**can**	kæn
cageot	**crate**	kréit
carton	**carton**	**kââr**teun
fût	**barrel**	**bæ**reul
paquet	**packet**	**pæ**keut
tube	**tube**	toûb
vase	**jar**	djââr

ounce	aouns	**gallon**	ghæleun
pint	païnt	**pound**	paound
quart	kwoort		

La chasse aux souvenirs

L'Amérique est le paradis de l'acheteur. On y trouve de tout, sous de multiples formes, dans des tailles, couleurs, genres et modèles innombrables, et souvent à des prix très variés. C'est le pays du *gadget,* allant du solide ouvre-boîtes des prix uniques aux accessoires les plus fantaisistes des magasins de luxe.

Aux Etats-Unis, l'industrie textile est importante et compétitive. On y vend des habits et des articles vestimentaires à des prix très intéressants: il y a des occasions incroyables.

Le choix de vêtements dans le prêt-à-porter est immense. Les chemises pour hommes sont intéressantes, en raison de leurs prix bien inférieurs à ceux pratiqués en Europe. Les complets attirent aussi les clients. Quant aux chapeaux et aux panoplies de cow-boy, ils feront la joie des petits.

Vous pouvez acheter de bons appareils électriques, mais veillez à ce que le modèle s'adapte à vos propres installations. Dans les régions où fleurit l'artisanat, ceux que les travaux exécutés à la main intéressent ne voudront pas manquer les poteries, tapis et bijoux indiens et esquimaux, si riches en couleurs, ni les chemises hawaïennes multicolores.

Il y a un vaste assortiment de jouets propres à combler les désirs de chaque enfant, sans pour autant piller le portefeuille de leurs parents. Les disques et cassettes, même importés, sont de bonnes affaires pour les mélomanes. C'est dans les *discounts* que vous trouverez les prix les plus avantageux. Les vraies antiquités (époque coloniale ou autres) sont rares et chères. Mais il existe d'excellentes imitations de meubles, faïences et étoffes anciens.

Au supermarché, ou trouvera des spécialités qui peuvent être offertes comme souvenirs: le sirop d'érable (*maple syrup*–**méi**peul **si**reup), le riz noir sauvage (*wild rice*–waïld raïs), un bon vin de Californie ou des pralinés de la Nouvelle-Orléans.

Votre argent: banques - cours

En Amérique, même dans les grandes villes, on est peu accoutumé à changer de l'argent. A l'aéroport, cependant, on trouve des bureaux de change réservés à ce genre de transactions.

Le mieux est d'acheter des chèques de voyage libellés en dollars dans une banque. Dans la plupart des hôtels, magasins et restaurants, on les accepte au même titre que l'argent américain, alors que les chèques en dollars établis en Europe pourraient paraître peu familiers. Les cartes de crédit internationales sont acceptées partout.

Heures d'ouverture

En général, les banques ouvrent de 10 h. à 15 h., du lundi au vendredi inclus. On trouve également des banques "drive-in" destinées aux personnes motorisées. Au Canada, du lundi au vendredi, les banques sont ouvertes de 10 h. à 17 h. Hors de ville, elles ferment à 15 h. Il existe des établissements ouverts jusqu'à 18 h. le jeudi.

Unité monétaire

L'unité monétaire est le dollar ($), divisé en 100 cents (¢). Tous les billets sont imprimés en vert et de la même taille; veillez donc à ne pas les confondre.

Montant		**Pièce**	
1 ¢	est appelé	**penny**	pèni
5 ¢	est appelé	**nickel**	nikeul
10 ¢	est appelé	**dime**	daïm
25 ¢	est appelé	**quarter**	kwoorteur
50 ¢	est appelé	**half dollar**	hæf daleur

Billets

1, 2, 5, 10, 20, 50 et 100$

Avant de partir

Où est la banque la plus proche?	**Where's the nearest bank?**	wèeurz ðeu **nieu**reust bænk
Où est-ce que je peux encaisser des chèques de voyage?	**Where can I cash a traveler's check?**	wèeur kæn aï kæch eu **træv**leurz tchèk
Où est la Chase Manhattan Bank?	**Where's the Chase Manhattan Bank?**	wèeurz ðeu tchéis meun**hæ**teun bænk

A l'intérieur de la banque

Je voudrais changer des francs français/ belges/suisses.	**I want to change some French francs/ Belgian francs/ Swiss francs.**	aï want tou tchéindj seum frèntch frænks/ **bèl**djeun frænks/ swis frænks
Voici mon passeport.	**Here's my passport.**	hieurz maï **pæs**poort
Quel est le cours du change?	**What's the exchange rate?**	wats ði èks**tchéindj** réit
Quelle commission prenez-vous?	**What rate of commission do you charge?**	wat réit euv keu**mi**cheun dou you tchâârdj
Puis-je toucher un chèque à ordre?	**Can you cash a personal check?**	kæn you kæch eu **peûr**seuneul tchèk
Combien de temps faut-il pour vérifier s'il est couvert?	**How long will it take to clear?**	haou long wil it téik tou klieur
Pouvez-vous câbler à ma banque à Paris?	**Can you cable my bank in Paris?**	kæn you **kéi**beul maï bænk in **pæ**reus
J'ai...	**I have...**	aï hæv
une lettre de crédit	**a letter of credit**	eu **lè**teur euv **krè**deut
une lettre de recommandation de...	**an introduction from...**	eun intreu**deuk**cheun freum
une carte de crédit	**a credit card**	eu **krè**deut kâârd
J'attends de l'argent de Paris. Est-ce qu'il est déjà arrivé?	**I'm expecting some money from Paris. Has it arrived yet?**	aïm iks**pèk**ting seum **meu**ni freum **pæ**reus. hæz it eu**raïvd** yèt
Donnez-moi... billets et de la monnaie, s.v.p.	**Please give me... bills and some small change.**	pliiz ghiv mi... bilz ænd seum smool tchéindj

POUR LES NOMBRES, voir page 175

Donnez-moi ... gros billets et le reste en petites coupures.	**Give me... large bills and the rest in small bills.**	ghiv mi...lââr**dj** bilz ænd ðeu rèst in smool bilz
Voulez-vous vérifier encore une fois, je vous prie?	**Could you please check that again?**	koud you pliiz tchèk ðæt eu**ghèn**

Versement

Je désire verser ceci sur mon compte.	**I want to credit this to my account.**	aï want tou **krè**deut ðis tou maï eu**kaount**
Je désire verser ceci sur le compte de M...	**I want to credit this to Mr...'s account.**	aï want tou **krè**deut ðis tou **mis**teur...'s eu**kaount**
Où dois-je signer?	**Where should I sign?**	wèeur choud aï saïn

Cours de change

Dans un monde où les cours sont fluctuants, tout ce que nous pouvons vous offrir, c'est ce tableau à compléter vous-même. Certes, les banques et les agences de voyage distribuent des listes des changes. Mais ce tableau n'est-il pas plus pratique, puisque vous l'aurez toujours sous la main?

$	F
1¢	
5¢	
10¢	
25¢	
50¢	
$1	
$5	
$10	
$20	
$50	
$100	
$500	
$1000	

A la poste

Contrairement aux P.T.T. européens, le *U.S. Postal Service* (Services postaux des Etats-Unis) – institution semi-officielle – ne se charge que du courrier. Les compagnies de téléphones et de télégraphes sont séparées et privées. Les boîtes aux lettres sont peintes en rouge et bleu et portent en caractères blancs l'inscription *US MAIL* (Postes américaines). Les postes sont généralement ouvertes de 8 h. à 17 h. du lundi au vendredi, et de 8 h. à midi le samedi. Tout bureau de poste vend des timbres et des aérogrammes.

Où est la poste la plus proche?	**Where's the nearest post office?**	wèeurz ðeu **nieu**reust pôôst **o**feus
Pouvez-vous m'indiquer le chemin de la poste?	**Can you tell me how to get to the post office?**	kæn you tèl mi haou tou ghèt tou ðeu pôôst **o**feus
A quelle heure ouvre/ferme la poste?	**What time does the post office open/close?**	wat taïm deuz ðeu pôôst **o**feus **ôô**peun/klôôz
Quel est le guichet des timbres?	**What window do I go to for stamps?**	wat **win**dôô dou aï ghôô tou foor stæmps
A quel guichet peut-on toucher un mandat postal international?	**At which counter can I cash an international money order?**	æt witch **kaoun**teur kæn aï kæch eun inteurn**æ**cheuneul **meu**ni **oor**deur
Je désire des timbres/des aérogrammes, s.v.p.	**I want some stamps/aerograms, please.**	aï want seum stæmps/**æ**reugræms pliiz
Je désire ... timbres de 8 cents et ... de 15 cents.	**I want ... 8-cent stamps and ... 15-cent stamps.**	aï want...8 sènt stæmps ænd... 15 sènt stæmps
Quel est le port d'une lettre par avion pour Paris?	**What's the postage for an airmail letter to Paris?**	wats ðeu **pôôs**tidj foor eun **èeur**méil **lè**teur tou **pæ**reus
Quel est le port d'une carte postale pour Bruxelles par courrier normal?	**What's the postage for a postcard via surface mail to Brussels?**	wats ðeu **pôôs**tidj foor eu **pôôst**kâârd **vaï**eu **seû**rfeus méil tou **breu**seulz

Où est la boîte aux lettres?	**Where's the mail-box?**	wèeurz ðeu **méil**baks
Je désire envoyer ceci par...	**I want to send this by...**	aï want tou sènd ðis baï
avion exprès recommandé	**airmail** **special delivery** **registered mail**	**èeur**méil **spè**cheul di**li**veuri **rè**djeusteurd méil
Où est la poste restante?	**Where's the general delivery window?**	wèeurz ðeu **djè**neureul di**li**veuri **win**dôô
Avez-vous du courrier pour moi? Je m'appelle...	**Is there any mail for me? My name is...**	iz ðèeur èni méil foor mi? maï néim iz...
Voici mon passeport.	**Here's my passport.**	hieurz maï **pæs**poort

STAMPS	TIMBRES
PARCELS	PAQUETS
MONEY ORDERS	MANDATS POSTAUX

Télégrammes

Aux Etats-Unis, les agences télégraphiques sont privées. Elles assurent le service local et international des télégrammes et le service local du télex. Leur liste figure aux pages jaunes de l'annuaire téléphonique. Il est possible de passer un message par téléphone et de faire porter la facture sur sa note d'hôtel, ou encore d'appeler depuis une cabine et de payer sur-le-champ. Un télégramme-lettre (de nuit) coûte moitié moins qu'une dépêche ordinaire.

Je désire envoyer un télégramme.	**I want to send a telegram.**	aï want tou sènd eu **tè**leughræm
Combien coûte le mot?	**How much is it per word?**	haou meutch iz it peur weûrd
Je voudrais envoyer un télégramme-lettre.	**I'd like to send a night letter.**	aïd laïk tou sènd eu naït **lè**teu
Puis-je envoyer un télex/téléfax?	**Can I send a telex/ a fax?**	kæn aï sènd eu **tè**lèks/ eu fæks

POUR LES NOMBRES, voir page 175

Téléphone

Le réseau téléphonique est géré par des compagnies privées, sans relation avec les postes. On trouve des cabines à peu près partout. L'utilisation de l'appareil est expliquée sur place. Les tarifs figurent dans les pages blanches, au début de l'annuaire, avec une carte des zones de tarification, des indications sur les appels avec préavis *(person-to-person call)*, en p.c.v. *(collect call)*, poste à poste *(station-to-station)* et sur le paiement par carte de crédit *(credit card call)*.

Les appels longue distance et internationaux peuvent être effectués depuis une cabine. Au cas où vous ignoreriez l'indicatif ou si vous désirez passer par une opératrice, demandez le 0.

Où est le téléphone?	**Where's the telephone?**	wèeurz ðeu **tè**leufôôn
Où est le téléphone automatique le plus proche?	**Where's the nearest pay telephone?**	wèeurz ðeu **nieu**reust péi **tè**leufôôn
Permettez-moi d'utiliser votre téléphone.	**May I use your phone?**	méi aï yoûz yoor fôôn
Avez-vous l'annuaire téléphonique de Chicago?	**Do you have a telephone directory for Chicago?**	do you hæv eu **tè**leufôôn deu**rèk**teuri foor chi**kââ**ghôô
Pouvez-vous m'aider à obtenir ce numéro?	**Can you help me get this number?**	kæn you hèlp mi ghèt ðis **neum**beur

Téléphoniste

Parlez-vous français?	**Do you speak French?**	do you spiik frèntch
Bonjour. Je désire téléphoner en France.	**Good morning. I want to make a call to France.**	ghoud **moor**ning aï want tou méik eu kool tou fræns
Est-ce automatique?	**Can I dial direct?**	kæn aï **daï**eul deu**rèkt**
J'aimerais une communication avec préavis.	**I want to place a person-to-person call.**	aï want tou pléis eu **peûr**seun tou **peûr**seun kool

POUR LES PAYS, voir page 174

Vous me direz le prix de la communication tout à l'heure.	**Will you tell me the cost of the call afterwards?**	wil you tèl mi ðeu kost euv ðeu kool **æ**fteurweurdz
Je désire une communication en P.C.V.	**I want to call collect.**	aï want tou kool keu**lèkt**

Au téléphone

Allô. Ici...	**Hello. This is... speaking.**	heu**lôô**. ðis iz... **spii**king
J'aimerais parler à...	**I want to speak to...**	aï want tou spiik tou
Pouvez-vous me mettre en communication avec...?	**Would you put me through to...?**	woud you pout mi θroû tou
Je désire l'interne...	**I want extension...**	aï want iks**tèn**cheun
Est-ce...?	**Is that...?**	iz ðæt

Pas de chance

Essayez de rappeler plus tard, s.v.p.	**Would you please try again later?**	woud you pliiz traï eu**ghèn léi**teur
Mademoiselle, vous m'avez donné un faux numéro.	**Operator, you gave me the wrong number.**	apeuréiteur you ghéiv mi ðeu rong **neum**beur
Mademoiselle, nous avons été coupés.	**Operator, we were cut off.**	apeuréiteur wi weur keut oof

Tableau d'épellation

A	Alfred	**æ**lfreud	**N**	Nellie	**nè**li
B	Benjamin	**bèn**djeumeun	**O**	Oliver	**a**leuveur
C	Charlie	**tchââ**rli	**P**	Peter	**pii**teur
D	David	**déi**vid	**Q**	Queen	kwiin
E	Edward	**è**dweurd	**R**	Robert	**ra**beurt
F	Frederick	**frè**drik	**S**	Samuel	**sæ**myeul
G	George	djoordj	**T**	Tommy	**ta**mi
H	Harry	**hæ**ri	**U**	Uncle	**eun**keul
I	Isaac	**aï**zeuk	**V**	Victor	**vik**teur
J	Jack	djæk	**W**	William	**wil**yeum
K	King	king	**X**	Xray	**èk**sréi
L	London	**leun**deun	**Y**	Yellow	**yè**lôô
M	Mary	**mè**ri	**Z**	Zebra	**zii**breu

TÉLÉPHONE

Il n'y a personne

Quand sera-t-il/elle de retour?	**When will he/she be back?**	wèn wil hi/chi bii bæk
Pouvez-vous lui dire que j'ai téléphoné? C'est de la part de...	**Will you tell him/ her I called? My name's...**	wil you tèl him/ heur aï koold? maï néimz
Pouvez-vous lui demander de m'appeler?	**Would you ask him/ her to call me?**	woud you æsk him/heur tou kool mi
Puis-je vous laisser un message?	**Would you please take a message?**	woud you pliiz téik eu mèsidj

Taxes

Quel est le prix de la communication?	**What was the cost of that call?**	wat weuz ðeu kost euv ðæt kool
Je voudrais payer cette communication.	**I want to pay for the call.**	aï want tou péi foor ðeu kool

There's a telephone call for you.	Il y a un appel pour vous.
You're wanted on the telephone.	On vous demande au téléphone.
Please hold the line.	Ne quittez pas, s.v.p.
Who's speaking?	Qui est à l'appareil?
What number are you calling?	Quel numéro demandez-vous?
The line's busy.	La ligne est occupée.
There's no answer.	On ne répond pas.
You've got the wrong number.	On vous a donné un faux numéro.
The phone is out of order.	Le téléphone est hors service.
He's/She's out at the moment.	Il/Elle n'est pas là en ce moment.

La voiture

Les stations-service sont nombreuses et faciles à repérer. Mais beaucoup ferment le soir et le week-end, le dimanche surtout. La nuit, pour acheter de l'essence, il faut avoir l'appoint ou payer avec une carte de crédit.

Où est la station-service la plus proche?	**Where's the nearest filling station?**	wèeurz ðeu **nieu**reust **fi**ling **stéi**cheun
J'en voudrais 15 gallons, s.v.p.	**I want 15 gallons, please.**	aï want 15 **ghæ**leunz pliiz
Je voudrais 15 gallons de normale/super.	**I want 15 gallons of regular/premium.**	aï want 15 **ghæ**leunz euv **rè**ghyeuleur/**prii**mieum
Donnez-moi pour ... dollars d'essence.	**Give me $ ... worth of gas.**	ghiv mi ... **da**leurz weûrθ euv ghæs
Le plein, s.v.p.	**Fill it up, please.**	fil it eup pliiz
Vérifiez l'huile et l'eau, s.v.p.	**Please check the oil and water.**	pliiz tchèk ði oïl ænd **woo**teur
Donnez-moi un quart (de gallon) d'huile.	**Give me a quart of oil.**	ghiv mi eu kwoort euv oïl
Mettez de l'eau distillée dans la batterie, s.v.p.	**Fill up the battery with distilled water.**	fil eup ðeu **bæ**teuri wið dis**tild woo**teur
Vérifiez les freins, s.v.p.	**Check the brake fluid, please.**	tchèk ðeu bréik **floû**eud pliiz

Mesures de capacité

litres	gallons américains	gallons canadiens	litres	gallons américains	gallons canadiens
5	1.3	1.1	30	7.8	6.6
10	2.6	2.2	35	9.1	7.7
15	3.9	3.3	40	10.4	8.8
20	5.2	4.4	45	11.7	9.9
25	6.5	5.5	50	13.0	11.0

Pression des pneus			
kg./cm²	lb./sq. in.*	kg./cm²	lb./sq. in.
0.7	10	1.8	26
0.8	12	1.9	27
1.1	15	2.0	28
1.3	18	2.1	30
1.4	20	2.3	33
1.5	21	2.5	36
1.6	23	2.7	38
1.7	24	2.8	40

* livres par pouce carré (*pounds per square inch*)

Veuillez vérifier les pneus.	**Would you check the tires?**	woud you tchèk ðeu **taï**eurz
1,6 à l'avant, 1,8 à l'arrière.	**23 front, 26 rear.**	23 freunt 26 rieur
Vérifiez aussi la roue de secours, s.v.p.?	**Please check the spare tire, too.**	pliiz tchèk ðeu spèeur **taï**eur toû
Pouvez-vous réparer ce pneu crevé?	**Can you fix this flat?**	kæn you fiks ðis flæt
Pouvez-vous changer ce pneu, s.v.p.?	**Would you please change this tire?**	woud you pliiz tchéindj ðis **taï**eur
Pouvez-vous nettoyer le pare-brise?	**Would you clean the windshield?**	woud you kliin ðeu **wind**chiild
Avez-vous une carte routière de la région?	**Have you a road map of this area?**	hæv you eu rôôd mæp euv ðis **è**rieu
Où sont les toilettes?	**Where are the toilets?**	wèeur ââr ðeu **toï**leuts

Comment demander le chemin

Excusez-moi.	**Excuse me.**	iks**kyoûz** mi
Pouvez-vous m'indiquer le chemin pour...?	**Can you tell me the way to...?**	kæn you tèl mi ðeu wéi tou

Comment va-t-on à... ?	**How do I get to... ?**	haou dou aï ghèt tou
Où mène cette route?	**Where does this road lead to?**	wèeur deuz ðis rôôd liid tou
Pouvez-vous me montrer sur la carte où je suis?	**Can you show me on this map where I am?**	kæn you chôô mi an ðis mæp wèeur aï æm
A quelle distance suis-je de... ?	**How far is it to... from here?**	haou fââr iz it tou... freum hieur

Milles* en kilomètres

1 mille = 1,609 km

milles	10	20	30	40	50	60	70	80	90	100
km.	16	32	48	64	80	97	113	129	145	161

Kilomètres en milles

1 km = 0,62 mille

km.	10	20	30	40	50	60	70	80	90	100	110	120	130
milles	6	12	19	25	31	37	44	50	56	62	68	75	81

* anglais *mile*

You're on the wrong road.	Vous n'êtes pas sur la bonne route.
Go straight ahead.	Continuez tout droit.
It's down there on the left/ right.	C'est là-bas à gauche/ droite.
Go to the first/second crossroad.	Allez jusqu'au premier/ deuxième carrefour.
Turn left/right at the stop lights.	Tournez à gauche/droite aux prochains feux.

Dans la dernière partie de ce chapitre, subdivisée en deux, nous nous occuperons plus particulièrement de la voiture elle-même.

La rubrique A contient des informations générales sur la circulation routière aux Etats-Unis. Elle vous servira essentiellement de référence: nous vous recommandons donc de l'étudier à l'avance.

La rubrique B donne des indications pratiques en cas d'accident ou de panne. Elle comprend une liste des pièces détachées et énumère les diverses causes de panne. Il vous suffit de pointer le terme approprié, le mécanicien vous fournira la réponse.

A. Douane - Documents

Vous pouvez emmener votre propre voiture aux Etats-Unis, à condition d'y apposer une plaque de nationalité. Emportez aussi le permis de circulation et, si possible, le permis de conduire international que vous vous ferez délivrer dans votre pays. Traduit en plusieurs langues, il sera plus compréhensible pour la police.

Peut-être avez-vous l'intention de faire de longues randonnées en voiture. Dans ce cas, nous vous conseillons de vous inscrire à l'Automobile Club des Etats-Unis *(American Automobile Association – AAA)* pour jouir de quelques facilités, dont le dépannage, des plans d'excursions et une assistance juridique en cas d'arrestation.

Dans certains Etats, l'assurance contre les accidents n'est pas obligatoire; mais il est fortement recommandé d'avoir une assurance responsabilité civile qui vous protégera, en cas d'accident, contre les torts causés à autrui. Mieux vaut contracter cette assurance dans votre pays, car aux Etats-Unis même une prime de durée limitée est très élevée.

Voici mon/ma...	**Here is/are my...**	hieur iz/ââr maï
permis de conduire	**driver's license**	**draï**veurz **laï**seuns
permis international	**international driving permit**	inteur**næ**cheuneul **draï**ving peur**mit**
passeport	**passport**	**pæs**poort
carte grise	**registration papers**	rèdjeus**tréi**cheun **péi**peurz
Je n'ai rien à déclarer.	**I haven't anything to declare.**	aï **hæ**veunt **è**niθing tou di**klèeur**
J'ai...	**I've...**	aïv
une cartouche de cigarettes	**a carton of cigarettes**	eu **kââr**teun euv sigheu**rèts**
une bouteille de whisky	**a bottle of whiskey**	eu **ba**teul euv **wis**ki
une bouteille de vin	**a bottle of wine**	eu **ba**teul euv waïn
Nous restons...	**We're staying for...**	wieur **stéi**ing foor
un mois	**a month**	eu meunθ
quelques mois	**a few months**	eu fyoû meunθs

Routes

Aux Etats-Unis, le réseau routier est très étendu, moderne et de tout premier ordre. Des routes à grande circulation, pour la plupart à quatre ou six voies, relient les grandes villes entre elles.

Les routes principales sont numérotées; la signalisation est excellente.

a

b

c

Les routes nationales sont signalées par un chiffre (figure a). Les départementales sont désignées par un panneau aux contours de l'Etat avec un chiffre au milieu, ou encore au moyen d'un signal rectangulaire portant le numéro encerclé sur fond noir (figure b). Les routes importantes qui en croisent d'autres portent le nom d'*interstates:* le signal est analogue à la figure c. Les numéros pairs désignent les routes est-ouest, les numéros impairs les routes nord-sud.

Il existe une grande variété d'autoroutes: *turnpikes* et *thruways* désignent les routes à grande vitesse et à deux pistes, avec péage; les *parkways,* qui n'acceptent pas les camions, sont parfois gratuites; quant aux *freeways* et aux *expressways,* on ne paie pas pour les utiliser. La plupart des cartes routières indiquent les péages. Il est prudent de se munir de monnaie, car les «guichets à appoint» *(exact change)* sont plus vite passés: on jette les pièces dans un panier. La vitesse est limitée à 55 milles à l'heure (88 km/h).

Stationnement

Dans les grandes villes, il y a de nombreuses places de parc, ainsi que des garages à plusieurs étages. Il peut arriver que l'employé préposé au parking vous demande les clefs de votre voiture, qu'il déplacera si c'est nécessaire. Dans les rues des villes, il y a de nombreux parcomètres. Dans certaines zones *(tow-away)*, la durée du stationnement est strictement limitée. Prenez-y garde, faute de quoi votre voiture sera enlevée. Plus les villes s'engorgent, plus le contrôle du parcage se fait strict.

Ne garez jamais sur une grand-route. Si vous voulez faire une halte, quittez-la complètement.

Il est interdit de parquer à proximité d'un extincteur d'incendie (peint en rouge), qui peut être utilisé à tout instant. La loi prévoit un espace libre de cinq mètres environ de chaque côté de l'extincteur.

Pardon. Est-ce que je peux garer ma voiture ici?	**Excuse me. May I park here?**	ik**skyoûz** mi. méi aï pââk hieur
Quelle est la taxe de stationnement?	**What's the charge for parking here?**	wats ðeu tchâârdj foor **pââr**king hieur
Dois-je laisser mes feux de position?	**Do I have to leave my lights on?**	dou aï hæv tou liiv maï laïts an

Quelques trucs pour ceux qui conduisent aux Etats-Unis

Surveillez votre tachymètre. Les limites de vitesse, contrôlées par radar, doivent être strictement observées. Donc, attention à la signalisation routière!

Dans la plupart des villes, il est interdit de klaxonner. Les contrevenants sont passibles d'amendes.

S'il vous arrive de vous trouver près d'un bus scolaire (jaune) à l'arrêt – même de l'autre côté de la chaussée – arrêtez votre voiture. La loi oblige la circulation à s'arrêter dans les deux sens, afin d'éviter les accidents dus aux enfants imprudents.

Aux Etats-Unis, il n'est pas recommandé de prendre des auto-stoppeurs à bord. Dans certains Etats, l'auto-stop est même illégal.

Pour obtenir le statut honoraire d'*international visitor*, il vous suffira d'apposer le décalque ci-contre sur la vitre de votre voiture. Le *U.S. Travel Service* ou l'*American Automobile Association* vous l'offriront gracieusement sur simple demande. Si vous rencontrez des difficultés, cet insigne montrera que vous êtes un touriste et que vous pourriez avoir besoin d'aide. Il vous évitera peut-être la contravention au cas où, par inadvertance, vous auriez brûlé un feu rouge.

J'aimerais un insigne de touriste étranger pour ma voiture.	**I'd like an international visitor decal for my car.**	aïd laïk eun inteur**næ**cheuneul **vi**zeuteur **dii**kæl foor maï kââr

Signaux routiers américains

BIKE XING	BICYCLETTES
BLASTING ZONE	ATTENTION DANGER: EXPLOSIFS
CAUTION	ATTENTION
DANGEROUS CURVE	VIRAGE DANGEREUX
DEAD-END STREET	CHEMIN SANS ISSUE
END OF CONSTRUCTION	FIN DES TRAVAUX
EXACT CHANGE	PRÉPAREZ LA MONNAIE
EXIT TO THE LEFT/RIGHT	SORTIE A GAUCHE/A DROITE
FALLING ROCKS	CHUTES DE PIERRES
HOSPITAL ZONE	HÔPITAL
LANE ENDS MERGE LEFT	FIN DE LA PISTE: RABATTEZ A GAUCHE
MEN WORKING	TRAVAUX EN COURS
NO BICYCLES	INTERDIT AUX BICYCLETTES
NO DUMPING	DÉPÔT INTERDIT
NO HITCHHIKING	AUTO-STOP INTERDIT
NO HONKING	DÉFENSE DE KLAXONNER
NO LEFT/RIGHT TURN	DÉFENSE DE VIRER A GAUCHE/A DROITE
NO PARKING/NO PARKING ANY TIME	DÉFENSE/DÉFENSE ABSOLUE DE STATIONNER
NO STOPPING EXCEPT FOR EMERGENCY	DÉFENSE DE S'ARRÊTER SAUF URGENCE
NO TRUCKS	INTERDIT AUX POIDS LOURDS
NO U TURN	INTERDICTION DE FAIRE DEMI-TOUR
ONE WAY	SENS UNIQUE
PASS AT OWN RISK	DÉPASSEMENT DANGEREUX
PED XING	PIÉTONS
REDUCE SPEED	RALENTIR
REST AREA	AIRE
RIGHT LANE ENDS	FIN DE LA PISTE DE DROITE
ROAD CLOSED	ROUTE BARRÉE
SLIPPERY WHEN WET	CHAUSSÉE GLISSANTE
SOFT SHOULDERS	ACCOTEMENTS NON CARROSSABLES
SPEED CHECKED BY RADAR	VITESSE CONTRÔLÉE PAR RADAR
SQUEEZE	ROUTE ÉTROITE
TOLL AHEAD	PÉAGE
TURN ON LIGHTS	ALLUMEZ VOS PHARES
TWO-WAY TRAFFIC	CIRCULATION DANS LES DEUX SENS
WATCH OUT CHILDREN	ATTENTION ENFANTS

POUR LES SIGNAUX ROUTIERS, voir également pages 160-161

B. Accidents

Cette partie est consacrée aux premiers secours. Les questions de responsabilité et de règlement des sinistres peuvent être discutées ultérieurement.

Pour l'instant, votre premier devoir consiste à vous occuper des blessés.

Y a-t-il des blessés?	**Is anyone hurt?**	iz **è**niweun heûrt
Ne bougez pas.	**Don't move.**	dôônt moûv
Tout va bien. Ne vous inquiétez pas.	**It's all right. Don't worry.**	its ool raït. dôônt **weû**ri
Où est le téléphone le plus proche?	**Where's the nearest telephone?**	wèeurz ðeu **nieu**reust **tè**leufôôn
Puis-je utiliser votre téléphone? Il s'est produit un accident.	**Can I use your telephone? There's been an accident.**	kæn aï yoûz yoor **tè**leufôôn? ðèeurz bin eun **æk**seudeunt
Vite, un médecin/une ambulance.	**Call a doctor/an ambulance quickly.**	kool eu **dak**teur/eun **æm**byeuleuns **kwik**li
Il y a des blessés.	**There are people injured.**	ðèeur ââr **pii**peul **in**djeurd
Aidez-moi à les dégager de la voiture.	**Help me get them out of the car.**	hèlp mi ghèt ðeum aout euv ðeu kââr

Police - Echange d'informations

Tous les accidents – particulièrement ceux ayant causé des blessures ou des dommages importants – doivent être déclarés immédiatement au poste de police le plus proche. Téléphonez au *0* et demandez à la téléphoniste de vous mettre en communication avec la police ou d'envoyer l'ambulance.

Veuillez appeler la police.	**Please call the police.**	pliiz kool ðeu peu**liis**
Un accident a eu lieu à environ 2 milles de...	**There's been an accident. It's about 2 miles from...**	ðèeurz bin eun **æk**seudeunt. its eu**baout** 2 maïlz freum
Je suis sur l'autoroute du New Jersey, à 25 milles de New York.	**I'm on the New Jersey Turnpike, 25 miles from New York City.**	aïm an ðeu noû **djeû**rzi **teûrn**païk 25 maïlz freum **noû** yoork **si**ti

Voici mon nom et mon adresse.	**Here's my name and address.**	hieurz maï néim ænd eu**drès**
Voulez-vous vous porter témoin de l'accident?	**Would you mind acting as a witness?**	woud you maïnd **æk**ting æz eu **wit**neus
J'aimerais un interprète.	**I'd like an interpreter.**	aïd laïk eun in**teûr**preuteur

Panne

Voici les quatre points traités:

1. *Sur la route*
   Vous demandez où se trouve le garage le plus proche.
2. *Au garage*
   Vous expliquez au garagiste ce qui ne marche pas.
3. *Trouver la panne*
   Il vous indique la défectuosité.
4. *La réparation*
   Vous lui demandez de réparer la voiture; après quoi vous réglez la facture (à moins que vous ne soyez pas d'accord).

1. Sur la route

Où est le prochain garage?	**Where's the nearest garage?**	wèeurz ðeu **nieu**reust gheu**râàj**
Pardon. Ma voiture est tombée en panne. Puis-je utiliser votre téléphone?	**Excuse me. My car has broken down. May I use your phone?**	iks**kyoûz** mi. maï kââr hæz **brôô**keun daoun. méi aï yoûz yoor fôôn
Quel est le numéro de téléphone du garage le plus proche?	**What's the telephone number of the nearest garage?**	wats ðeu **tè**leufôôn **neum**beur euv ðeu **nieu**reust gheu**râàj**
Je suis tombé en panne à...	**I've had a breakdown at...**	aïv hæd eu **bréik**daoun æt

Remarque: Si vous tombez en panne, tâchez de garer votre voiture sur le côté de la route, puis cherchez de l'aide. A cet effet, attachez un mouchoir blanc à la poignée de la porte ou à l'antenne, soulevez le capot ou encore ouvrez le coffre.

Nous sommes sur l'autoroute Santa Ana, à environ 20 milles de Disneyland.	**We're on the Santa Ana Freeway about 20 miles from Disneyland.**	wieur an ðeu **sæn**teu æneu **frii**wéi eu**baout** 20 maïlz freum **diz**nilænd
Pouvez-vous m'envoyer un mécanicien?	**Can you send a mechanic?**	kæn you sènd eu meu**kæ**nik
Pouvez-vous m'envoyer une dépanneuse?	**Can you send a truck to tow my car?**	kæn you sènd eu treuk tou tôô maï kââr
Dans combien de temps arriverez-vous?	**How long will you be?**	haou long wil you bii

2. Au garage

Pouvez-vous m'aider?	**Can you help me?**	kæn you hèlp mi
Je ne sais pas ce qui ne fonctionne pas.	**I don't know what's wrong with it.**	aï dôônt nôô wats rong wið it
Je crois que c'est... qui ne marche pas.	**I think there's something wrong with the...**	aï θink ðèeurz **seum**θing rong wið ðeu
allumage	**ignition system**	ig**hni**cheun **sis**teum
ampoules	**bulbs**	beulbz
avertisseur	**horn**	hoorn
batterie	**battery**	**bæ**teuri
bougies	**spark plugs**	spâârk pleughz
carburateur	**carburetor**	**kââr**byeuréiteur
cataphotes	**reflectors**	ri**flèk**teurz
chauffage	**heating**	**hii**ting
clignotant	**turn signal**	teûrn **sigh**neul
contact	**contact**	**kan**tækt
démarreur	**starter**	**stââr**teur
direction (assistée)	**(power) steering**	(**paou**eur) **stieu**ring
dynamo	**generator**	**djè**neuréiteur
embrayage	**clutch**	kleutch
essuie-glaces	**wipers**	**waï**peurz
feux	**lights**	laïts
feux de recul	**backup lights**	**bæk**eup laïts
témoins des freins	**brake lights**	bréik laïts
feux arrière	**tail lights**	téil laïts
filtre	**filter**	**fil**teur
freins	**brakes**	bréiks
frein à main	**parking brake**	**pââr**king bréik
garnitures	**lines**	laïnz

indicateur de vitesse	**speedometer**	spii**da**meuteur
moteur	**engine**	**èn**djeun
phares	**headlights**	**hèd**laïts
pompe d'essence	**fuel pump**	**fyoûeul** peump
pot d'échappement	**exhaust pipe**	igh**zoost** païp
radiateur	**radiator**	**réi**diéiteur
réducteurs d'éclairage	**dimmers**	**di**meurz
réservoir d'essence	**fuel tank**	**fyoû**eul tænk
roues	**wheels**	wiilz
siège	**seat**	siit
suspension	**suspension**	seus**pèn**cheun
système électrique	**electrical system**	i**lèk**trikeul **sis**teum
système de lubrification	**lubrication system**	loûbreu**kéi**cheun **sis**teum
système d'échappement	**exhaust line**	igh**zoost** laïn
système de refroidissement	**cooling system**	**koû**ling **sis**teum
toit à glissières	**sliding roof**	**slaï**ding roûf
transmission (automatique)	**(automatic) transmission**	(ooteu**mæ**tik) træns**mi**cheun
ventilateur	**fan**	fæn
vitesses	**gears**	ghieurz

DROITE	GAUCHE
RIGHT	**LEFT**
(raït)	(lèft)

AVANT	ARRIÈRE
FRONT	**BACK**
(freunt)	(bæk)

Il/Elle...	**It's...**	its
est bloqué	**jammed**	djæmd
fait du bruit	**noisy**	**noï**zi
est brûlé	**burned**	beûrnd
est cassé	**broken**	**brôô**keun
chauffe	**overheating**	ôôveur**hii**ting
cogne	**knocking**	**na**king
est coincé	**stuck**	steuk
a un court-circuit	**short-circuiting**	choort**seûr**keuting
est débranché	**disconnected**	diskeu**nèk**teud
est défectueux	**defective**	di**fèk**tiv
est dévissé	**loose**	loûz
est faible	**weak**	wiik
est fêlé	**cracked**	krækt
ne fonctionne pas	**not working**	nat **weûr**king
a une fuite	**leaking**	**lii**king
est gelé	**frozen**	**frôô**zeun

est trop lâche	**slack**	slæk
est en mauvais état	**bad**	bæd
patine	**slipping**	sliping
a des ratés	**misfiring**	misfaïring
saute	**blowing**	blôôing
a sauté	**blown**	blôôn
est à sec	**dry**	draï
est usé	**worn**	woorn
vibre	**vibrating**	vaïbréiting
La voiture ne veut pas démarrer.	**The car won't start.**	ðeu kââr wôônt stâârt
Elle est fermée et la clef est à l'intérieur.	**It's locked, and the keys are inside.**	its lakt ænd ðeu kiiz ââr insaïd
La courroie du ventilateur est trop lâche.	**The fan belt is too slack.**	ðeu fæn bèlt iz toû slæk
Le radiateur a une fuite.	**The radiator is leaking.**	ðeu réidiéiteur iz liiking
J'aimerais un service d'entretien et de graissage.	**I want maintenance and lubrication service.**	aï want méinteuneuns ænd loûbreukéicheun seûrveus
Le ralenti a besoin d'un réglage.	**The idle needs adjusting.**	ðeu aïdeul niidz eudjeusting
L'embrayage s'enclenche trop vite.	**The clutch engages too quickly.**	ðeu kleutch inghéidjeuz toû kwikli
Le volant vibre.	**The steering wheel's vibrating.**	ðeu stieuring wiilz vaïbréiting
Les essuie-glaces sont usés.	**The wipers are smearing.**	ðeu waïpeurz ââr smieuring
La suspension pneumatique est faible.	**The pneumatic suspension is weak.**	ðeu noûmætik seuspèncheun iz wiik

Vous venez d'expliquer ce qui ne va pas. A présent, il vous reste à connaître la durée de la réparation pour prendre vos dispositions en conséquence.

Combien de temps vous faut-il pour trouver ce qui ne va pas?	**How long will it take to find out what's wrong?**	haou long wil it téik tou faïnd aout wats rong

Combien de temps vous faut-il pour réparer?	**How long will it take to repair?**	haou long wil it téik tou ri**pèeur**
Puis-je repasser dans une demi-heure/ demain?	**Suppose I come back in half an hour/tomorrow?**	seu**pôôz** aï keum bæk in hæf eun **aou**eur/ teu**ma**rôô
Pouvez-vous me conduire en ville?	**Can you give me a ride into town?**	kæn you ghiv mi eu raïd **in**tou taoun
Puis-je utiliser votre téléphone?	**May I use your phone?**	méi aï yoûz yoor fôôn

3. Cause de la panne

Please look at the following alphabetical list and point to the defective item. If your customer wants to know what's wrong with it, pick the applicable term from the next list (broken, short-circuited, etc.).*

air filter	filtre à air
automatic transmission	transmission automatique
battery	batterie
battery cells	éléments de la batterie
battery liquid	liquide de la batterie
bearing	palier
block	bloc
brake	frein
brake drum	tambour de frein, disque
brushes	balais
cable	cable
camshaft	arbre à came
carburetor	carburateur
clutch	embrayage
clutch pedal	pédale de débrayage
clutch plate	disque d'embrayage
condensor	condensateur
connection	connexion
contact	contact
cooling system	système de refroidissement
crankcase	carter
crankshaft	vilebrequin
cylinder	cylindre

* Veuillez regarder la liste ci-après et montrer du doigt la pièce défectueuse. Si votre client désire connaître le défaut, montrez-lui ce qui ne va pas (abîmé, court-circuit, etc.) au moyen de la liste suivante.

cylinder head	culasse
cylinder head gasket	joint de culasse
diaphragm	membrane
dimmer switch	commutateur du phare-code
distilled water	eau distillée
distributor	distributeur
distributor leads	câbles du distributeur
electrical system	système électrique
engine	moteur
fan	ventilateur
fan belt	courroie du ventilateur
filter	filtre
float	flotteur
fuel pump	pompe à essence
gear	vitesse
(automatic) gear box	boîte à vitesses (automatique)
generator	dynamo
grease	graisse
ignition coil	bobine d'allumage
injection pump	pompe à injection
joint	joint
lining	garniture
main bearings	paliers principaux
oil filter/pump	filtre/pompe à huile
petrol filter	filtre à essence
petrol pump	pompe à essence
piston	piston
piston rings	segments du piston
pneumatic suspension	suspension pneumatique
points	plots
pressure springs	ressorts de pression
pump	pompe
rack and pinion	crémaillère
radiator	radiateur
rings	segments
shaft	arbre
shock absorber	amortisseur
shoes	mâchoires
spark plugs	bougies
spark plug leads	câbles des bougies
springs	ressorts
stabilizer	stabilisateur
starter armature	collecteur du démarreur
starter motor	démarreur
steering	direction
steering box	boîte de direction
steering column post	arbre de direction

stems	tiges
suspension	suspension
tappets	culbuteurs
teeth	pignons
thermostat	thermostat
track rod ends	rotule de direction
transmission	transmission
universal joint	joint de cardan
valve	soupape
valve spring	ressort de la soupape
water pump	pompe à eau
wheels	roues

The following list contains words which describe what's wrong as well as what may need to be done.*

to adjust	à régler
to balance	à équilibrer
to bleed	à vidanger
blowing	en train de sauter
blown	sauté
broken	cassé
burned	brûlé
to change	à changer
to charge	à charger
to clean	à nettoyer
corroded	rongé
cracked	fêlé
defective	défectueux
dirty	encrassé
disconnected	débranché
dry	à sec
frozen	gelé
to grind in	à roder
high	haut
jammed	bloqué
knocking	cogne
leaking	a une fuite
loose	détendu
to loosen	desserrer
low	bas
misfiring	a des ratés
overheating	chauffe trop
play	a du jeu

* La liste suivante contient des mots désignant la cause de la panne et le moyen de la réparer.

puncture	crevaison
quick	rapide
to reline	à regarnir
to replace	à remplacer
short	court
short-circuited	a eu un court-circuit
slack	trop lâche
slipping	patine
to strip down	à démonter
stuck	coincé
to tighten	à resserrer
vibrating	vibre
warped	fêlé
weak	faible
worn	usé

4. Réparation

Avez-vous trouvé ce qui est défectueux?	**Have you found the trouble?**	hæv you faound ðeu **treu**beul

A présent, vous savez plus ou moins bien ce qui ne marche pas. Mais vous aimeriez encore d'autres précisions...

Est-ce grave?	**Is that serious?**	iz ðæt **sii**rieus
Pouvez-vous réparer?	**Can you repair it?**	kæn you ri**pèeur** it
Pouvez-vous le faire maintenant?	**Can you do it now?**	kæn you dou it naou
Combien cela coûtera-t-il?	**What's it going to cost?**	wats it **ghôô**ing tou kost
Avez-vous les pièces nécessaires?	**Do you have the necessary spare parts?**	dou you hæv ðeu **nè**seuséri spèeur pâârts

Que faire si le mécanicien dit «non»?

Pourquoi ne pouvez-vous pas effectuer la réparation?	**Why can't you do it?**	waï kænt you dou it
Est-ce que cette pièce est très importante?	**Is it essential to have that part?**	iz it i**sèn**cheul tou hæv ðæt pâârt
Combien de temps vous faut-il pour vous procurer les pièces de rechange?	**How long is it going to take to get the spare parts?**	haou long iz it **ghôô**ing tou téik tou ghèt ðeu spèeur pâârts

VOITURE – RÉPARATIONS

Où est le garage le plus proche qui puisse me le réparer?	**Where's the nearest garage that can repair it?**	wèeurz ðeu **nieu**reust gheur**ââj** ðæt kæn ri**pèeur** it
Pouvez-vous me faire une réparation provisoire pour me permettre d'arriver à...	**Can you fix it so that I can get as far as...?**	kæn you fiks it sôô ðæt aï kæn ghèt æz fââr æz

Si vous ne pouvez plus rouler, demandez si vous pouvez laisser la voiture au garage. Prenez contact avec l'American Automobile Association ou louez une autre voiture.

La facture

Avez-vous tout réparé?	**Is everything fixed?**	iz **è**vriθing fikst
Combien vous dois-je?	**How much do I owe you?**	haou meutch dou aï ôô you

Le garagiste vous présente alors sa facture. Si vous êtes satisfait...

Acceptez-vous les chèques de voyage?	**Do you accept traveler's checks?**	dou you euk**sèpt** **træv**leurz tchèks
Merci beaucoup de votre aide.	**Thanks very much for your help.**	θænks **vè**ri meutch foor yoor hèlp
Voici pour vous.	**This is for you.**	ðis iz foor you

Peut-être aurez-vous l'impression que la réparation n'a pas été soignée ou que vous payez un travail qui n'a pas été fait. Dans ce cas, demandez qu'on vous détaille la facture.

J'aimerais d'abord contrôler la facture. Voulez-vous m'en indiquer le détail.	**I'd like to check the bill first. Will you itemize the work done?**	aïd laïk tou tchèk ðeu bil feûrst. wil you **aï**teumaïz ðeu weûrk deun

Si le garagiste ne veut pas admettre son tort, alors que vous êtes sûr de votre bon droit, demandez l'assistance d'un tiers, consultez l'*American Automobile Association* ou le *Better Business Bureau* (une organisation de défense du consommateur).

Signalisation routière

L'Amérique adopte graduellement un système de signalisation routière proche du système international.

Stop

Vitesse limitée

Cédez le passage

Entrée interdite

Serrez à droite

Dépassement interdit

Passage pour bicyclettes

Attention îlot

Fin de l'îlot

Hauteur limitée

Route débouchant de droite

Attention aux feux

Ecole

Attention école

Attention piétons

Côte: ralentir

Attention bétail

Attention animaux

Véhicules agricoles

Piste cyclable

Réservé aux promeneurs

Indicateur de distance (en miles)

Route en construction à 1500 pieds

Passage à niveau

Serrez à droite

Vitesse maximale nocturne

Route de secours

Obstacle à contourner

Médecin

Soyons francs! A quoi peut bien vous servir un guide en cas de blessure ou de maladie graves? La seule phrase à connaître par cœur dans ce cas est...

Vite, un médecin!	**Get a doctor, quickly!**	ghèt eu **dak**teur **kwik**li

Cependant, il y a des maux et des douleurs, des malaises et des troubles sans gravité qui peuvent bouleverser le voyage le mieux organisé. Dans ces cas, nous pourrons vous être utiles, à vous et peut-être aussi au médecin.

Il est peu probable que celui-ci parle votre langue. Dans les cas urgents, votre consulat devrait vous indiquer un médecin sachant un peu le français. Mais supposons qu'il ne le parle pas assez bien pour vous donner une explication. Nous y avons pensé. Comme vous le verrez, le première partie vous permettra de vous entretenir avec lui. Aux pages 165–171, ce que vous aurez à dire figure dans la partie supérieure de la page. Le médecin lira la partie inférieure.

Ce chapitre a été divisé en trois parties; la maladie, les blessures, la tension nerveuse. A la page 171, nous traiterons des ordonnances et des honoraires.

Généralités

J'ai besoin d'un médecin, vite.	**I need a doctor quickly.**	aï niid eu **dak**teur **kwik**li
Voulez-vous appeler un médecin?	**Can you get me a doctor?**	kæn you ghèt mi eu **dak**teur
Y a-t-il un médecin ici?	**Is there a doctor here?**	iz ðèeur eu **dak**teur hieur
Téléphonez immédiatement à un médecin, je vous prie.	**Please telephone for a doctor immediately.**	pliiz **tè**leufôôn foor eu **dak**teur i**mii**dieutli
Y a-t-il un médecin qui parle français?	**Is there a doctor who speaks French?**	iz ðèeur eu **dak**teur hoû spiiks frèntch

Où est le cabinet du médecin?	**Where's the doctor's office?**	wèeurz ðeu **dak**teurz **o**feus
Quelles sont les heures de consultation?	**What are the office hours?**	wat ââr ði **o**feus **aou**eurz
Est-ce que le médecin peut venir me voir à domicile?	**Could the doctor come to see me here?**	koud ðeu **dak**teur keum tou sii mi hieur
A quelle heure le médecin peut-il venir?	**What time can the doctor come?**	wat taïm kæn ðeu **dak**teur keum

Symptômes

Ce chapitre vous permettra d'exposer au médecin ce qui ne va pas. Ce qu'il voudra savoir, c'est:

ce que vous avez (maux, douleurs, contusions),
où vous avez mal (au bras, à l'estomac, etc.),
depuis combien de temps.

Avant de consulter le médecin, cherchez les réponses à çes questions, en parcourant les pages suivantes. Ainsi, vous gagnerez du temps.

Parties du corps

amygdales	**tonsils**	**tan**seulz
appendice	**appendix**	eu**pèn**diks
artère	**artery**	**ââr**teuri
articulation	**joint**	djoïnt
bouche	**mouth**	maouθ
bras	**arm**	âârm
cheveux	**hair**	hèeur
cheville	**ankle**	**æn**keul
clavicule	**collar-bone**	**ka**leurbôôn
cœur	**heart**	hâârt
colonne vertébrale	**spine**	spaïn
côte	**rib**	rib
cou	**neck**	nèk
coude	**elbow**	**èl**bôô
cuisse	**thigh**	θaï
doigt	**finger**	**fing**gheur
dos	**back**	bæk
épaule	**shoulder**	**chôôl**deur
estomac	**stomach**	**steu**meuk

foie	**liver**	**li**veur
front	**forehead**	**foor**hèd
genou	**knee**	nii
glande	**gland**	ghlænd
gorge	**throat**	θrôôt
hanche	**hip**	hip
intestins	**intestines/bowels**	**intè**steunz/**baou**eulz
jambe	**leg**	lègh
joue	**cheek**	tchiik
langue	**tongue**	teung
lèvre	**lip**	lip
mâchoire	**jaw**	djoo
main	**hand**	hænd
menton	**chin**	tchin
muscle	**muscle**	**meu**seul
nerf	**nerve**	neûrv
nez	**nose**	nôôz
œil	**eye**	aï
oreille	**ear**	ieur
orteil	**toe**	tôô
os	**bone**	bôôn
peau	**skin**	skin
pied	**foot**	fout
poignet	**wrist**	rist
poitrine	**chest**	tchèst
pouce	**thumb**	θeum
poumon	**lung**	leung
rein	**kidney**	**kid**ni
rotule	**knee cap**	nii kæp
sang	**blood**	bleud
seins	**breast**	brèst
système nerveux	**nervous system**	**neû**rveus **sis**teum
talon	**heel**	hiil
tendon	**tendon**	**tèn**deun
tête	**head**	hèd
urine	**urine**	**you**reun
veine	**vein**	véin
vessie	**bladder**	**blæ**deur
visage	**face**	féis

GAUCHE/A GAUCHE
LEFT/ON THE LEFT SIDE
(lèft/an ðeu lèft saïd)

DROITE/A DROITE
RIGHT/ON THE RIGHT SIDE
(raït/an ðeu raït saïd)

PATIENT

1. Maladie

Je ne me sens pas bien.	**I'm not feeling well.**	aïm nat **fii**ling wèl
Je suis malade.	**I'm ill.**	aïm il
J'ai une douleur ici.	**I've got a pain here.**	aïv ghat eu péin hieur
Son/Sa ... lui fait mal.	**His/Her ... hurts.**	hiz/heur... heûrts
J'ai...	**I've got...**	aïv ghat
maux de tête/mal au dos	**a headache/ a backache**	eu **hè**déik/eu **bæk**éik
fièvre/mal à la gorge	**a fever/a sore throat**	a **fii**veur/a soor θrôôt
mal de voyage	**travel sickness**	**træ**veul **sik**neus
Je suis constipé.	**I'm constipated.**	aïm **kan**steupéiteud
J'ai eu des vomissements.	**I've been vomiting.**	aïv bin **va**meuting

---

MÉDECIN

Part 1 - Illness

What's the trouble?	Qu'est-ce qui ne va pas?
Where does it hurt?	D'où souffrez-vous?
How long have you had this pain?	Depuis combien de temps éprouvez-vous cette douleur?
How long have you been feeling like this?	Depuis combien de temps vous sentez-vous ainsi?
Roll up your sleeve.	Relevez votre manche.
Please undress (down to the waist).	Déshabillez-vous (jusqu'à la taille), s'il vous plaît.
Please remove your pants and shorts.	Enlevez votre pantalon et votre slip, je vous prie.

PATIENT

Je me sens faible.	**I feel faint.**	aï fiil féint
La tête me tourne.	**I feel dizzy.**	aï fiil **dizi**
J'ai des nausées/ des frissons.	**I feel nauseous/ shivery.**	aï fiil **noo**cheus/ **chi**veuri
J'ai/Il/Elle a...	**I've/He's/She's got...**	aïv/hiiz/chiiz ghat
abcès	**an abscess**	eun **æb**seus
amygdalite	**tonsillitis**	tanseu**laï**teus
asthme	**asthma**	**æz**meu
constipation	**constipation**	kansteu**péi**cheun
convulsions	**convulsions**	keun**veul**cheunz
coqueluche	**whooping cough**	**hoû**ping kof
coup de soleil	**a sunburn**	eu **seun**beûrn
crampes	**cramps**	kræmps
diarrhée	**diarrhea**	daïeu**rii**eu
fièvre	**a fever**	eu **fii**veur
furoncle	**a boil**	eu boïl
grippe	**influenza**	infloû**èn**zeu

MÉDECIN

Please lie down over here.	Etendez-vous ici, je vous prie.
Open your mouth.	Ouvrez la bouche.
Breathe deeply.	Respirez profondément.
Cough, please.	Toussez, s.v.p.
I'll take your temperature.	Je vais prendre votre température.
I'm going to take your blood pressure.	Je vais prendre votre tension.
Is this the first time you've had this?	Est-ce la première fois que vous en souffrez?
I'll give you an injection.	Je vais vous faire une piqûre.
I want a specimen of your urine/stools.	J'aimerais un prélèvement d'urine/de selles.

PATIENT

hémorrhoïdes	**hemorrhoids**	**hè**meuroïdz
hernie	**a hernia**	eu **heûr**nieu
indigestion	**indigestion**	indaï**djès**tcheun
inflammation de...	**an inflammation of...**	eun infleu**méi**cheun euv
insolation	**a sunstroke**	eu **seun**strôôk
nausées matinales	**morning sickness**	**moor**ning **sik**neus
refroidissement	**a chill**	eu tchil
rhumatisme	**rheumatism**	**roû**meutizeum
rhume	**a cold**	eu kôôld
rhume des foins	**hay fever**	héi **fii**veur
torticolis	**a stiff neck**	eu stif nèk
ulcère	**an ulcer**	eun **eul**seur
J'espère que ce n'est pas grave.	**It's nothing serious, I hope?**	its **neu**θing **sii**rieus aï hôôp
Je voudrais que vous me fassiez une ordonnance.	**I'd like you to prescribe some medicine for me.**	aïd laïk you tou pri**skraïb** seum **mè**deuseun foor mi

---

MÉDECIN

It's nothing to worry about.	Ce n'est rien.
You must stay in bed for ... days.	Il vous faut garder le lit pendant ... jours.
You've got...	Vous avez...
a cold/arthritis/pneumonia/influenza/food poisoning/an inflammation of .../an appendicitis.	un rhume/de l'arthrite/ une pneumonie/la grippe/une intoxication alimentaire/une inflammation de .../une appendicite.
You're over-tired. You need a rest.	Vous êtes surmené. Vous avez besoin de repos.
I want you to go to the hospital for a general check-up.	Il faut vous rendre à l'hôpital pour un examen médical complet.
I'll prescribe an antibiotic.	Je vais vous prescrire un antibiotique.

PATIENT

Je suis diabétique.	**I'm a diabetic.**	aïm eu daïeu**bè**tik
Je suis cardiaque.	**I've a cardiac condition.**	aïv eu **kââr**dieuk keun**di**cheun
J'ai eu une crise cardiaque en ...	**I had a heart attack in ...**	aï hæd eu hâârt eu**tæk** in
Je suis allergique à ...	**I'm allergic to ...**	aïm eu**leûr**djik tou
Voici le médicament que je prends d'habitude.	**This is my usual medicine.**	ðis iz maï **yoû**jeul **mè**deuseun
J'ai besoin de ce médicament.	**I need this medicine.**	aï niid ðis **mè**deuseun
Je suis enceinte.	**I'm pregnant.**	aïm **prègh**neunt
Puis-je voyager?	**Can I travel?**	kæn aï **træ**veul

MÉDECIN

What dose of insulin are you taking?	Quelle dose d'insuline prenez-vous?
Injection or oral?	En injection ou par voie buccale?
What treatment have you been having?	Quel traitement avez-vous suivi?
What medicine have you been taking?	Quel médicament avez-vous pris?
You've had a (slight) heart attack.	Vous avez eu une (légère) crise cardiaque.
We don't use ... in the U.S.A. This is very similar.	Nous n'avons pas ... aux Etats-Unis. Ceci est analogue.
When's the baby due?	Quand le bébé doit-il naître?
You can't travel until ...	Vous ne pouvez pas voyager avant ...

PATIENT

2. Blessure

Pouvez-vous examiner ce/cette ...?	**Could you have a look at this ...?**	koud you hæv eu louk æt ðis
ampoule	**blister**	**blis**teur
blessure	**wound**	woûnd
bosse	**lump**	leump
brûlure	**burn**	beûrn
contusion	**bruise**	broûz
coupure	**cut**	keut
écorchure	**graze**	ghréiz
enflure	**swelling**	**swè**ling
éruption	**rash**	ræch
furoncle	**boil**	boïl
piqûre	**sting**	sting
piqûre d'insecte	**insect bite**	**in**sèkt baït
Je ne peux pas bouger le/la/les ... Cela me fait mal.	**I can't move my ... It hurts.**	aï kænt mouv maï... it heûrts

---

MÉDECIN

Part 2 - Wounds

It's (not) infected.	C'est (Ce n'est pas) infecté.
You've got a slipped disc.	Vous avez une hernie discale.
I want you to have an X-ray	J'aimerais que vous vous fassiez radiographier.
It's...	C'est...
broken/sprained/dislocated/ torn	cassé/foulé/déboîté/déchiré
You've pulled a muscle.	Vous avez un muscle froissé.
I'll give you an antiseptic. It's not serious.	Je vais vous donner un antiseptique. Ce n'est pas grave.
I want you to come and see me in ... day's time.	Revenez me voir dans ... jours.

PATIENT

3. Tension nerveuse

Je suis nerveux.	**I'm in a nervous state.**	aïm in eu **neûr**veus stéit
Je me sens déprimé.	**I'm feeling depressed.**	aïm **fii**ling di**prèst**
Je voudrais un somnifère.	**I want some sleeping pills.**	aï want seum **slii**ping pilz
Je ne peux pas manger/ Je ne peux pas dormir.	**I can't eat/I can't sleep.**	aï kænt iit/aï kænt sliip
J'ai des cauchemars.	**I'm having nightmares.**	aïm **hæ**ving **naït**mèeurz
Pouvez-vous me prescrire un ...?	**Can you prescribe a ...?**	kæn you pri**skraïb** eu
tranquillisant	**tranquilizer**	**træn**kweulaïzeur
antidépressif	**anti-depressant**	**æn**ti di**prè**seunt

MÉDECIN

Part 3 - Nervous tension

You're suffering from nervous tension.	Vous souffrez de tension nerveuse.
You need a rest.	Vous avez besoin de repos.
What pills have you been taking?	Quelles pilules prenez-vous ?
How many a day?	Combien par jour?
How long have you been feeling like this?	Depuis combien de temps vous sentez-vous ainsi ?
I'll prescribe some pills.	Je vais vous prescrire des pilules.
I'll give you a sedative.	Je vais vous donner un sédatif.

PATIENT
Ordonnance et posologie

C'est quel genre de médicament?	**What kind of medicine is this?**	wat kaïnd euv **mè**deuseun iz ðis
Combien de fois par jour dois-je le prendre?	**How many times a day should I take it?**	haou **mè**ni taïmz eu déi choud aï téik it
Dois-je les avaler entiers?	**Must I swallow them whole?**	meust aï **swa**lôô ðeum hôôl

Honoraires

Combien vous dois-je?	**How much do I owe you?**	haou meutch dou aï ôô you
Faut-il vous payer maintenant ou m'enverrez-vous votre facture?	**Do I pay you now or will you send me your bill?**	dou aï péi you naou oor wil you sènd mi yoor bil
Puis-je avoir un reçu?	**May I have a receipt?**	méi aï hæv eu ri**siit**
Merci de votre aide, docteur.	**Thanks for your help, Doctor.**	θænks foor yoor hèlp **dak**teur

---

MÉDECIN
Prescription and dosage

Take ... teaspoons of this medicine every ... hours.	Prenez ... cuillères à thé de ce médicament toutes les ... heures.
Take ... pills with a glass of water...	Prenez ... pilules avec un verre d'eau...
... times a day	... fois par jour
before each meal	avant chaque repas
after each meal	après chaque repas
between meals	entre les repas
in the mornings	le matin
at night	le soir

Fee

Please pay me now.	Veuillez me payer maintenant.
I'll send you a bill.	Je vous enverrai la facture.

POUR LES NOMBRES, voir page 175

Dentiste

Pouvez-vous me recommander un bon dentiste?	**Can you recommend a good dentist?**	kæn you rèkeu**mènd** eu ghoud **dèn**teust
Puis-je prendre rendez-vous (d'urgence) chez le Dr...	**Can I make an (urgent) appointment to see Doctor...?**	kæn aï méik eun (**eû**rdjeunt) eu**poïnt**meunt tou sii **dak**teur
Ne pouvez-vous pas me fixer un rendez-vous plus tôt?	**Can't you possibly make it earlier than that?**	kænt you **pa**seubli méik it **eû**rlieur ðæn ðæt
J'ai mal aux dents.	**I've a toothache.**	aïv eu **toûθ**éik
J'ai un abcès.	**I've an abcess.**	aïv eun **æb**seus
Cette dent me fait mal.	**This tooth hurts.**	ðis toûθ heûrts
en haut en bas devant derrière	**at the top** **at the bottom** **in the front** **at the back**	æt ðeu tap æt ðeu **ba**teum in ðeu freunt æt ðeu bæk
Pouvez-vous me donner des soins provisoires?	**Can you fix it temporarily?**	kæn you fiks it tèmpeu**rè**reuli
Je ne veux pas que vous l'arrachiez.	**I don't want it extracted.**	aï dôônt want it iks**træk**teud
J'ai perdu un plombage.	**I've lost a filling.**	aïv lost eu **fi**ling
La gencive est très irritée/saigne.	**The gum is very sore/the gum is bleeding.**	ðeu gheum iz **vè**ri soor/ðeu gheum iz **blii**ding

Dentiers

J'ai cassé mon dentier.	**I've broken this denture.**	aïv **brôô**keun ðis **dèn**tcheur
Pouvez-vous réparer ce dentier?	**Can you repair this denture?**	kæn you ri**pèeur** ðis **dèn**tcheur
Quand sera-t-il prêt?	**When will it be ready?**	wèn wil it bii **rè**di

Opticien

J'ai cassé mes lunettes.	**I've broken my glasses.**	aïv **brôô**keun maï **ghlæ**seuz
Pouvez-vous me les réparer?	**Can you repair them for me?**	kæn you ri**pèeur** ðeum foor mi
Quand seront-elles prêtes?	**When will they be ready?**	wèn wil ðéi bi **rè**di
Pouvez-vous changer les verres?	**Can you change the lenses?**	kæn you tchéindj ðeu **lèn**zeuz
Je désire des verres teintés.	**I want tinted lenses.**	aï want **tin**teud **lèn**zeuz
Je désire des verres de contact.	**I want some contact lenses.**	aï want seum **kan**tækt **lèn**zeuz
Je voudrais des jumelles.	**I'd like to buy a pair of binoculars.**	aïd laïk tou baï eu pèeur euv beu**na**kyeuleurz
J'aimerais acheter une paire de lunettes à soleil.	**I'd like to buy a pair of sun-glasses.**	aïd laïk tou baï eu pèeur euv **seun**ghlæseuz
Combien vous dois-je?	**How much do I owe you?**	haou meutch dou aï ôô you
Faut-il payer tout de suite ou m'enverrez-vous la facture?	**Do I pay you now or will you send me your bill?**	dou aï péi you naou oor wil you sènd mi yoor bil

POUR LES NOMBRES, voir page 175

Renseignements divers

D'où venez-vous ?

Voici une liste de quelques pays ou régions, de même que certains noms d'Etats, de provinces ou de villes offrant des difficultés de prononciation:

Afrique	**Africa**	**æ**frikeu
Allemagne	**Germany**	**djeûr**meuni
Amérique du Nord	**North America**	noorθ eu**mè**reukeu
Amérique centrale	**Central America**	**sèn**treul eu**mè**reukeu
Amérique du Sud	**South America**	saouθ eu**mè**reukeu
Asie	**Asia**	**éi**jeu
Australie	**Australia**	oos**tréi**lyeu
Belgique	**Belgium**	**bèl**djeum
Canada	**Canada**	**kæ**neudeu
Etats-Unis	**USA**	**yoû**-ès-éi
Europe	**Europe**	**you**reup
France	**France**	fræns
Grande-Bretagne	**Great Britain**	ghréit **bri**teun
Japon	**Japan**	djeu**pæn**
Luxembourg	**Luxembourg**	**leuk**seumbeurgh
Mexique	**Mexico**	**mèk**sikôô
Nouvelle-Zélande	**New Zealand**	noû **zii**leund
Suisse	**Switzerland**	**swit**seurleund
Union Soviétique	**USSR**	**yoû**-ès-ès-ââr

Arkansas	**ââr**keunsoo	**Quebec**	kwi**bèk**
Connecticut	keu**nè**tikeut	**Rhode Island**	rôôd **aï**leund
Idaho	**aï**deuhôô	**Saskatchewan**	seus**kæ**tcheuweun
Illinois	ileu**noï**	**South Carolina**	saouθ kæreu**laï**neu
Iowa	**aï**yeuweu	**Utah**	**yoû**too
Ohio	ôô**haï**ôô	**Virginia**	veur**dji**nyeu
Oregon	**oo**righeun	**Wyoming**	waï**ôô**ming

Albuquerque	**æl**beukeûrki	**Mobile**	môô**biil**
Baton Rouge	**bæ**teun **roûj**	**Montreal**	mantri**ool**
Birmingham	**beûr**minghæm	**New Orleans**	noû oor**liinz**
Boise	**boï**zi	**Omaha**	**ôô**meuhoo
Charleston	**tchââr**lsteun	**Phoenix**	**fii**niks
Chattanooga	tchæteu**noû**gheu	**Reno**	**rii**nôô
Des Moines	di**moïn**	**St. Louis**	séint **loû**eus
Detroit	di**troït**	**Schenectady**	skeu**nèk**teudi
Louisville	**loû**ivil	**Seattle**	si**æ**teul
Miami	maï**æ**mi	**Tucson**	**toû**san
Milwaukee	mil**woo**ki	**Vancouver**	væn**koû**veur

Nombres

0 **zero**	**zii**roû
1 **one**	weun
2 **two**	toû
3 **three**	θrii
4 **four**	foor
5 **five**	faïv
6 **six**	siks
7 **seven**	**sè**veun
8 **eight**	éit
9 **nine**	naïn
10 **ten**	tèn
11 **eleven**	i**lè**veun
12 **twelve**	twèlv
13 **thirteen**	θeûr**tiin**
14 **fourteen**	foor**tiin**
15 **fifteen**	fif**tiin**
16 **sixteen**	siks**tiin**
17 **seventeen**	sèveun**tiin**
18 **eighteen**	éi**tiin**
19 **nineteen**	naïn**tiin**
20 **twenty**	**twen**ti
21 **twenty-one**	**twèn**ti-weun
22 **twenty-two**	**twèn**ti-toû
23 **twenty-three**	**twèn**ti-θrii
24 **twenty-four**	**twèn**ti-foor
25 **twenty-five**	**twèn**ti-faïv
26 **twenty-six**	**twèn**ti-siks
27 **twenty-seven**	**twèn**ti-**sè**veun
28 **twenty-eight**	**twèn**ti-éit
29 **twenty-nine**	**twèn**ti-naïn
30 **thirty**	**θeûr**ti
31 **thirty-one**	**θeûr**ri-weun
32 **thirty-two**	**θeûr**ti-toû
33 **thirty-three**	**θeûr**ti-θrii
40 **forty**	**foor**ti
41 **forty-one**	**foor**ti-weun
42 **forty-two**	**foor**ti-toû
43 **forty-three**	**foor**ti-θrii
50 **fifty**	**fif**ti
51 **fifty-one**	**fif**ti-weun
52 **fifty-two**	**fif**ti-toû
53 **fifty-three**	**fif**ti-θrii
60 **sixty**	**siks**ti
61 **sixty-one**	**siks**ti-weun

62	**sixty-two**	**siks**ti-toû
63	**sixty-three**	**siks**ti-θrii
70	**seventy**	**sè**veunti
71	**seventy-one**	**sè**veunti-weun
72	**seventy-two**	**sè**veunti-toû
73	**seventy-three**	**sè**veunti-θrii
80	**eighty**	**éi**ti
81	**eighty-one**	**éi**ti-weun
82	**eighty-two**	**éi**ti-toû
83	**eighty-three**	**éi**ti-θrii
90	**ninety**	**naïn**ti
91	**ninety-one**	**naïn**ti-weun
92	**ninety-two**	**naïn**ti-toû
93	**ninety-three**	**naïn**ti-θrii
100	**one hundred**	weun **heun**dreud
101	**one hundred and one**	weun **heun**dreud ænd weun
102	**one hundred and two**	weun **heun**dreud ænd toû
110	**one hundred and ten**	weun **heun**dreud ænd tèn
120	**one hundred and twenty**	weun **heun**dreud ænd **twèn**ti
130	**one hundred and thirty**	weun **heun**dreud ænd **θeûr**ti
140	**one hundred and forty**	weun **heun**dreud ænd **foor**ti
150	**one hundred and fifty**	weun **heun**dreud ænd **fif**ti
160	**one hundred and sixty**	weun **heun**dreud ænd **siks**ti
170	**one hundred and seventy**	weun **heun**dreud ænd **sè**veunti
180	**one hundred and eighty**	weun **heun**dreud ænd **éi**ti
190	**one hundred and ninety**	weun **heun**dreud ænd **naïn**ti
200	**two hundred**	toû **heun**dreud
300	**three hundred**	θrii **heun**dreud
400	**four hundred**	foor **heun**dreud
500	**five hundred**	faïv **heun**dreud
600	**six hundred**	siks **heun**dreud
700	**seven hundred**	**sè**veun **heun**dreud
800	**eight hundred**	éit **heun**dreud
900	**nine hundred**	naïn **heun**dreud
1000	**one thousand**	weun **θaou**zeund
1100	**one thousand one hundred**	weun **θaou**zeund weun **heun**dreud
1200	**one thousand two hundred**	weun **θaou**zeund toû **heun**dreud
2000	**two thousand**	toû **θaou**zeund
5000	**five thousand**	faïv **θaou**zeund
10,000	**ten thousand**	tèn **θaou**zeund
50,000	**fifty thousand**	**fif**ti **θaou**zeund
100,000	**one hundred thousand**	weun **heun**dreud **θaou**zeund
1,000,000	**one million**	weun **mil**yeun

premier	**first**	feûrst
deuxième	**second**	**sè**keund
troisième	**third**	θeûrd
quatrième	**fourth**	foorθ
cinquième	**fifth**	fifθ
sixième	**sixth**	siksθ
septième	**seventh**	**sè**veuntθ
huitième	**eighth**	éitθ
neuvième	**ninth**	naïnθ
dixième	**tenth**	tènθ
une fois	**once**	weuns
deux fois	**twice**	twaïs
trois fois	**three times**	θrii taïmz
une moitié	**a half**	eu hæf
la moitié d'un/d'une...	**half a...**	hæf eu
la moitié de...	**half of...**	hæf euv
demi(e) (adj.)	**half**	hæf
un quart	**a quarter**	eu **kwoor**teur
un tiers	**one third**	weun θeûrd
une paire de	**a pair of**	eu pèeur euv
une douzaine	**a dozen**	eu **deu**zeun
1985 (année)	**nineteen eighty-five**	naïn**tiin éi**ti-faïv
1987	**nineteen eighty-seven**	naïn**tiin éi**ti-**sè**veun
1990	**nineteen ninety**	naïn**tiin naïn**ti
2000	**two thousand**	toû **θaou**zeund
2001	**two thousand one**	toû **θaou**zeund weun

Le temps passe

a quarter past twelve
(eu **kwoor**teur pæst twèlv)

twenty past one
(**twèn**ti pæst weun)

twenty-five past two
(**twèn**ti-faïv pæst toû)

half past three
(hæf pæst θrii)

twenty-five to five
(**twèn**ti-faïv tou faïv)

twenty to six
(**twèn**ti tou siks)

a quarter to seven
(eu **kwoor**teur tou **sè**veun)

ten to eight
(tèn tou éit)

five to nine
(faïv tou naïn)

ten o'clock
(tèn eu**klak**)

five past eleven
(faïv pæst **ilè**veun)

ten past twelve
(tèn pæst twèlv)

En Amérique, on a recours au système de douze heures. De minuit à midi on fait suivre les chiffres de **a.m.** (ex.: 8:30 a.m. = 8 h. 30), et de midi à minuit, de **p.m.** (ex.: 10:15 p.m. = 22 h. 15).

Expressions utiles

Quelle heure est-il?	**What time is it?**.	wat taïm iz it
Il est...	**It's...**	its
Pardon. Pouvez-vous m'indiquer l'heure?	**Excuse me. Can you tell me the time?**	ik**skyoûz** mi. kæn you tèl mi ðeu taïm
Je vous rencontrerai demain à...	**I'll meet you at... tomorrow.**	aïl miit you æt... teu**mar**ôô
Veuillez excuser mon retard.	**I'm sorry I'm late.**	aïm **sa**ri aïm léit
Quelle est l'heure d'ouverture de...?	**At what time does...open?**	æt wat taïm deuz... **ôô**peun
A quelle heure ferme...?	**At what time does...close?**	æt wat taïm deuz... klôôz
Combien de temps cela durera-t-il?	**How long will it last?**	haou long wil it læst
A quelle heure cela se terminera-t-il?	**What time will it end?**	wat taïm wil it ènd
A quelle heure dois-je arriver?	**At what time should I be there?**	æt wat taïm choud aï bii ðèeur
A quelle heure arriverez-vous?	**At what time will you be there?**	æt wat taïm wil you bii ðèeur
Puis-je venir...?	**Can I come...?**	kæn aï keum
à 8 heures/à 2 heures et demie	**at 8 o'clock/ at 2:30**	æt 8 eu**klak**/æt 2 **θeûr**ti
après (prép.)	**after**	**æf**teur
après (adv.)	**afterwards**	**æf**teurweurdz
avant	**before**	bi**foor**
tôt	**early**	**eûr**li
à l'heure	**in time**	in taïm
tard	**late**	léit
minuit	**midnight**	**mid**naït
midi	**noon**	noûn
heure	**hour**	aoueur
minute	**minute**	**mi**neut
seconde	**second**	**sè**keund
quart d'heure	**quarter of an hour**	**kwoor**teur euv eun aoueur
demi-heure	**half an hour**	hæf eun aoueur

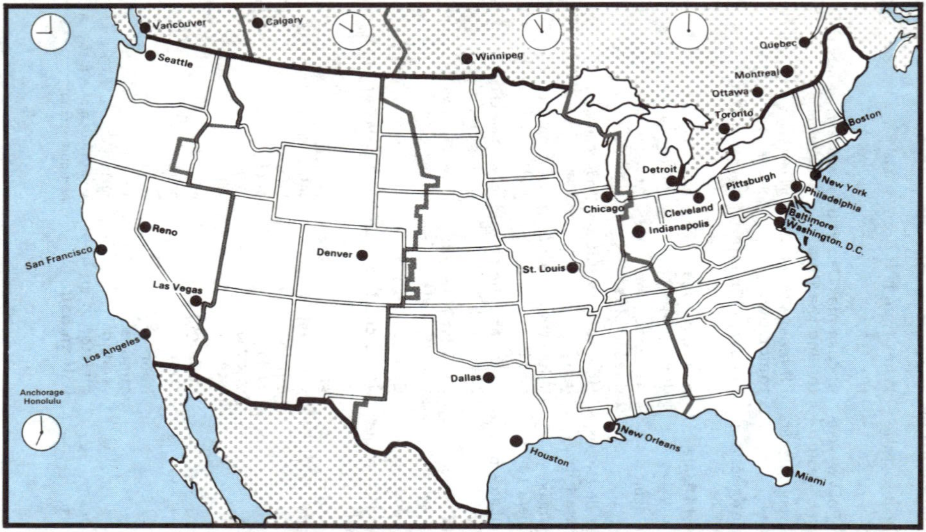

Les fuseaux horaires se répartissent comme suit: EAS (Eastern Standard Time: heure de l'Est), CST (Central Standard Time: heure du Centre), MST (Mountain Standard Time: heure des Montagnes) et PST (Pacific Standard Time: heure du Pacifique). En été, la plupart des régions adoptent le *daylight saving time* (DST), en avance d'une heure sur le reste de l'année. Officiellement, on emploie alors les initiales EDST, CDST, etc. Les lignes aériennes, les chemins de fer et les lignes d'autobus gardent le même horaire toute l'année.

Jours

Quel jour sommes-nous?	**What day is it today?**	wat déi iz it teu**déi**
dimanche	**Sunday**	**seun**di
lundi	**Monday**	**meun**di
mardi	**Tuesday**	**tyoûz**di
mercredi	**Wednesday**	**wènz**di
jeudi	**Thursday**	**θeûrz**di
vendredi	**Friday**	**fraï**di
samedi	**Saturday**	**sæ**teurdi
le matin	**in the morning**	in ðeu **moor**ning
pendant la journée	**during the day**	**doû**ring ðeu déi
l'après-midi	**in the afternoon**	in ði æfteur**noûn**
le soir	**in the evening**	in ði **iiv**ning
la nuit	**at night**	æt naït
avant-hier	**the day before yesterday**	ðeu déi bi**foor** **yès**teurdi
hier	**yesterday**	**yès**teurdi
aujourd'hui	**today**	teu**déi**
demain	**tomorrow**	teu**mar**ôô
après-demain	**the day after tomorrow**	ðeu déi **æf**teur teu**mar**ôô
la veille	**the day before**	ðeu déi bi**foor**
le lendemain	**the next day**	ðeu nèkst déi
il y a deux jours	**two days ago**	toû déiz eu**ghôô**
dans trois jours	**in three days' time**	in θrii déiz taïm
la semaine dernière	**last week**	læst wiik
la semaine prochaine	**next week**	nèkst wiik
pendant deux semaines	**for two weeks**	foor toû wiiks
anniversaire	**birthday**	**beûrθ**déi
fin de semaine	**weekend**	**wiik**ènd
jour	**day**	déi
jour de congé	**day off**	déi oof
jour de semaine	**weekday**	**wiik**déi
jour férié	**holiday**	**ha**leudéi
jour ouvrable	**working day**	**weûr**king déi
mois	**month**	meunθ
semaine	**week**	wiik
vacances	**vacation**	véi**kéi**cheun
vacances scolaires	**school vacation**	skoûl véi**kéi**cheun

Mois

janvier	**January**	**djæn**yeuri
février	**February**	**fè**breuri
mars	**March**	mâârtch
avril	**April**	**éi**pril
mai	**May**	méi
juin	**June**	djoûn
juillet	**July**	djoû**laï**
août	**August**	**oo**gheust
septembre	**September**	sèp**tèm**beur
octobre	**October**	ak**tôô**beur
novembre	**November**	nôô**vèm**beur
décembre	**December**	di**sèm**beur
depuis le mois de juin	**since June**	sins djoûn
pendant le mois d'août	**during the month of August**	**doû**ring ðeu meunθ euv **oo**gheust
le mois dernier	**last month**	læst meunθ
le mois prochain	**next month**	nèkst meunθ
le mois précédent	**the month before**	ðeu meunθ bi**foor**
le mois suivant	**the next month**	ðeu nèkst meunθ
1er juillet	**July 1**	djoû**laï** feûrst
17 mars	**March 17**	mâârtch sèveun**tiinθ**

Les en-têtes de lettres se présentent de la manière suivante:

New York, le 17 août 19. .	**New York, August 17, 19. .**
San Francisco, le 1er juillet 19. .	**San Francisco, July 1, 19. .**

Saisons

printemps	**spring**	spring
été	**summer**	**seu**meur
automne	**fall**	fool
hiver	**winter**	**win**teur
au printemps	**in spring**	in spring
pendant l'été	**during the summer**	**doû**ring ðeu **seu**meur
en automne	**in fall**	in fool
pendant l'hiver	**during the winter**	**doû**ring ðeu **win**teur

Jours fériés

1er janvier	Nouvel An
janvier (3e lundi)	Jour de Martin Luther King (EU)
février (3e lundi)	Anniversaire de Washington (EU)
mai (lundi précédant le 25 mai)	Fête de Dollard-des-Ormeaux ou de la Reine (Canada)
mai (dernier lundi)	Memorial Day (en souvenir des Américains morts pour leur pays) (EU)
1er juillet	Fête de la Confédération (Canada)
4 juillet	Jour de l'Indépendance (EU)
août (1er lundi)	*Civic Holiday* (Canada)
septembre (1er lundi)	Fête du Travail
octobre (2e lundi)	Hommage à Christophe Colomb (EU) Journée d'action de grâces (Canada)
11 novembre	Journée des anciens combattants (EU) Jour de l'Armistice (Canada)
novembre (4e jeudi)	Journée d'action de grâces (EU)
25 décembre	Noël
26 décembre	Lendemain de Noël (Canada)
Fêtes mobiles:	Vendredi saint (Canada) Lundi de Pâques (Canada)

Températures moyennes (en degrés centigrades)

	Chicago	Los Angeles	Miami	New York
Janvier	–4	13	20	1
Février	–3	13	20	1
Mars	3	15	21	5
Avril	9	16	23	10
Mai	15	18	25	16
Juin	20	20	26	21
Juillet	24	22	27	24
Août	23	22	27	22
Septembre	19	21	27	19
Octobre	12	19	25	13
Novembre	4	16	22	8
Décembre	–2	14	21	3

Abréviations usuelles

a.m.	**ante meridiem**	du matin
Assoc.	**associate**	associé
Assn.	**association**	association
ass't.	**assistant**	adjoint
att(n).	**attention**	à l'attention de
Ave.	**avenue**	avenue
Blvd.	**boulevard**	boulevard
Co.	**company**	compagnie
c/o	**in care of**	aux bons soins de, pour adresse
Corp.	**corporation**	société anonyme
D.C.	**District of Columbia**	territoire fédéral (Washington)
D.D.S.	**doctor of dental science**	dentiste
Dir.	**director**	directeur
dz.	**dozen**	douzaine
enc.	**enclosure**	annexe
Fwy.	**freeway**	autoroute
hp	**horsepower**	chevaux-vapeur
Hwy.	**highway**	route principale
Inc.	**incorporated**	société anonyme
M.C.	**master of ceremonies**	animateur
M.D.	**medical doctor**	médecin
Mgr.	**manager.**	gérant
m.p.h.	**miles per hour**	milles à l'heure
Mr.	**mister**	monsieur (suivi d'un nom propre)
Mrs.	**missus**	madame (suivi d'un nom propre)
Ms.	**miss or missus**	mademoiselle, madame
Pkwy.	**parkway**	route longeant un parc
p.t.o.	**please turn over**	tournez, s.v.p.
P.O.(B.)	**post office (box)**	case postale
p.m.	**post meridiem**	après-midi
Pres.	**president**	président
Rd.	**road**	route
Rev.	**reverend**	révérend
R.F.D.	**rural free delivery**	code postal rural
SRO	**standing room only**	pas de places assises
St.	**street**	rue
UN	**United Nations**	Nations Unies
V.P.	**vice president**	vice-président
Xmas	**Christmas**	Noël
ZIP	**zone improvement plan**	code postal

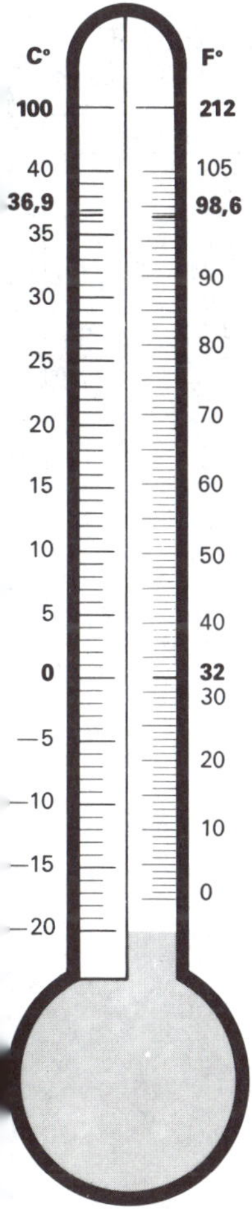

Tables de conversion

Pouces et centimètres

Pour changer les centimètres en pouces, multipliez-les par 0,39.

Pour changer les pouces en centimètres, multipliez-les par 2,54.

12 pouces (inches/in) =
1 pied (foot/ft.)
3 pieds = 1 yard (yd.)

	in.	feet	yards
1 mm	0,039	0,003	0,001
1 cm	0,39	0,03	0,01
1 dm	3,94	0,32	0,10
1 m	39,40	3,28	1,09

	mm	cm	m
1 in.	25,4	2,54	0,025
1 ft.	304,8	30,48	0,304
1 yd.	914,4	91,44	0,914

(32 mètres = 35 yards)

Température

Pour convertir les degrés Centigrade en degrés Fahrenheit, multipliez les premiers par 1,8 et ajoutez 32 au total obtenu.

Pour convertir les degrés Fahrenheit en degrés Centigrade, soustrayez 32 et divisez le résultat par 1,8.

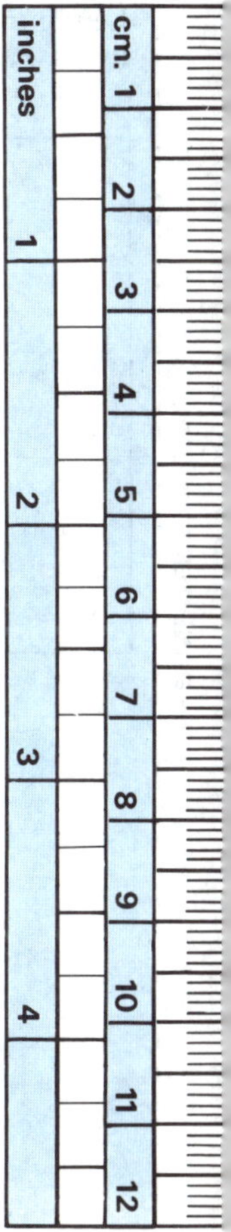

Poids

Le chiffre du milieu représente à la fois les kilos et les livres. Par ex. 1 kilo = 2,20 livres et 1 livre = 0,45 kilos.

Kilogrammes		Avoirdupois pounds (livres)
0,45	**1**	2,205
0,90	**2**	4,405
1,35	**3**	6,614
1,80	**4**	8,818
2,25	**5**	11,023
2,70	**6**	13,227
3,15	**7**	15,432
3,60	**8**	17,636
4,05	**9**	19,840
4,50	**10**	22,045
6,75	**15**	33,068
9,00	**20**	44,889
11,25	**25**	55,113
22,50	**50**	110,225
33,75	**75**	165,338
45,00	**100**	220,450

Mètres et pieds

Le chiffre du milieu représente à la fois des mètres et des pieds. Par ex.: 1 mètre = 3,28 pieds et 1 pied = 0,30 m.

Mètres		Pieds
0,30	**1**	3,281
0,61	**2**	6,563
0,91	**3**	9,843
1,22	**4**	13,124
1,52	**5**	16,403
1,83	**6**	19,686
2,13	**7**	22,967
2,44	**8**	26,248
2,74	**9**	29,529
3,05	**10**	32,810
3,35	**11**	36,091
3,66	**12**	39,372
3,96	**13**	42,635
4,27	**14**	45,934
4,57	**15**	49,215
4,88	**16**	52,496
5,18	**17**	55,777
5,49	**18**	59,058
5,79	**19**	62,339
6,10	**20**	65,620
7,62	**25**	82,023
15,24	**50**	164,046
22,86	**75**	246,069
30,48	**100**	328,092

Autres tables de conversion

Pour	voir page
Tailles	119
Change	136
Conversion des milles en km	144
Mesures de capacité	142
Pression des pneus	143

Que signifient ces inscriptions?

Vous allez certainement voir quelques-uns des panneaux suivants pendant votre voyage:

Beware of the dog	Attention au chien
Bicycle path	Piste cyclable
Cashier	Caisse
Caution	Attention
Closed	Fermé
Cold	Froid
Danger	Danger
Danger of death	Danger de mort
Do not block entrance	Défense d'obstruer l'entrée
Do not touch	Défense de toucher
Down	En bas
Elevator	Ascenseur
Emergency exit	Sortie de secours
Entrance	Entrée
Exit	Sortie
For rent	A louer
For sale	A vendre
... forbidden	... interdit(e)
Gentlemen	Messieurs
Hot	Chaud
Information	Renseignements
Ladies	Dames
No entrance	Défense d'entrer
No littering	Dépôts interdits
No loitering	Prière de circuler
No smoking	Défense de fumer
Occupied	Occupé
Open	Ouvert
Please ring	Sonnez, s.v.p.
Private	Privé
Private road	Route privée
Pull	Tirez
Push	Poussez
Reserved	Réservé
Sales	Soldes
Smoking allowed	Fumeurs
Sold out	Stock épuisé
Trespassers will be prosecuted	Défense d'entrer sous peine d'amende
Up	En haut
Vacant	Libre

Urgences

En cas d'urgence, composez le 0: l'opératrice vous mettra en communication avec le service concerné.

Pour une permanence médicale ou dentaire, consultez la première page de l'annuaire téléphonique de toute ville de quelque importance: un numéro d'appel y figure. Ces services fonctionnent jour et nuit.

Allez vite me chercher du secours	**Get help quickly**	ghèt hèlp **kwik**li
Allez-vous-en	**Go away**	ghôô eu**wéi**
APPELEZ LA POLICE	**CALL THE POLICE**	kool ðeu peu**liis**
APPELEZ UN MEDECIN	**GET A DOCTOR**	ghèt eu **dak**teur
Arrêtez-vous ici	**Stop here**	stap hieur
Arrêtez cet homme	**Stop that man**	stap ðæt mæn
Arrêtez ou je crie	**Stop or I'll scream**	stap oor aïl skriim
ATTENTION	**CAREFUL**	**kèeur**feul
Attention	**Look out**	louk aout
AU FEU	**FIRE**	faïr
AU SECOURS	**HELP**	hèlp
AU VOLEUR	**STOP THIEF**	stap θiif
DANGER	**DANGER**	**déin**djeur
Dépêchez-vous	**Be quick**	bii kwik
Ecoutez	**Listen**	**li**seun
Ecoutez-moi	**Listen to me**	**li**seun tou mi
Entrez	**Come in**	keum in
Etendez-vous	**Lie down**	laï daoun
HALTE	**STOP**	stap
J'ai perdu mon/ma/mes...	**I've lost my...**	aïv lost maï
Je suis malade	**I'm ill**	aïm il
Je suis perdu	**I'm lost**	aïm lost
Laissez-moi tranquille	**Leave me alone**	liiv mi eu**lôôn**
Otez vos mains de là	**Keep your hands to yourself**	kiip yoor hændz tou yoor**sèlf**
POLICE	**POLICE**	peu**liis**
Pompiers	**Fire department**	faïr di**pâârt**meunt
Venez	**Come here**	keum hieur
Vite	**Quick**	kwik

POUR LES ACCIDENTS DE VOITURE, voir page 150

Index

Expressions utiles

S'il vous plaît.	**Please.**	pliiz
Merci.	**Thank you.**	θænk you
Oui/Non.	**Yes/No.**	yès/nôô
Excusez-moi.	**Excuse me.**	iks**kyoûz** mi
Garçon, s'il vous plaît.	**Waiter, please.**	**wéi**teur pliiz
Combien cela coûte-t-il?	**How much is that?**	haou meutch iz ðæt
Où sont les toilettes?	**Where's the restroom?**	wèeurz ðeu rèstroum

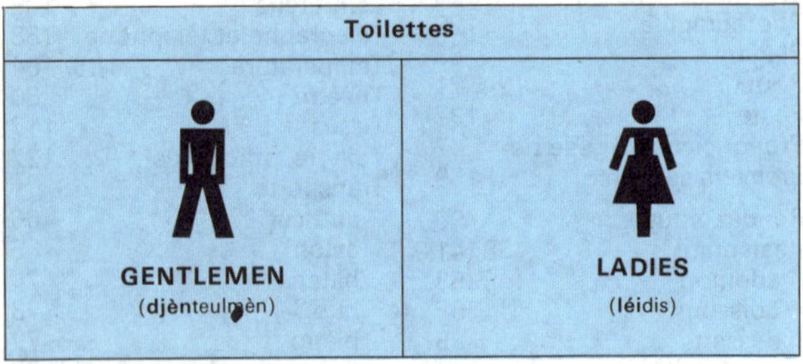

Pouvez-me dire... ?	**Could you tell me... ?**	koud you tèl mi
où/quand/pourquoi	**where/when/why**	wèeur/wèn/waï
Pouvez-vous m'aider?	**Please help me.**	pliiz hèlp mi
Où se trouve le consulat de...?	**Where's the... Consulate?**	wèeurz ðeu... **kan**seuleut
Belgique France Suisse	**Belgian** **French** **Swiss**	**bèl**djeun frèntch swis
Quelle heure est-il?	**What time is it?**	wat taïm iz it
Qu'est-ce que cela signifie? Je ne comprends pas.	**What does this mean? I don't understand?**	wat deuz ðis miin? aï dôônt eundeur**stænd**
Parlez-vous français?	**Do you speak French?**	dou you spiik frèntch